智慧城市产业链

王正巍 著

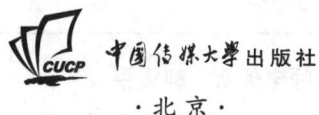

·北京·

图书在版编目（CIP）数据

智慧城市产业链 / 王正巍著 .-- 北京：中国传媒大学出版社，2023.12
ISBN 978-7-5657-3553-0

I. ①智 .. Ⅱ. ①王 ... Ⅲ. ①智慧城市 - 产业链 - 产业发展 - 研究 - 中国 Ⅳ. ① F269.2

中国国家版本馆 CIP 数据核字 (2024) 第 020230 号

智慧城市产业链
ZHIHUI CHENGSHI CHANYELIAN

著　　者	王正巍
责任编辑	王　硕
责任印制	李志鹏
封面设计	马晨静

出版发行	中国传媒大学出版社		
社　　址	北京市朝阳区定福庄东街 1 号	邮　编	100024
电　　话	86-10-65450528	传　真	65779405
网　　址	http:// cucp. cuc. edu. cn		
经　　销	全国新华书店		
印　　刷	三河市九洲财鑫印刷有限公司		
开　　本	710mm × 1000mm　1/16		
印　　张	12.25		
字　　数	186 千字		
版　　次	2024 年 4 月第 1 版		
印　　次	2024 年 4 月第 1 次印刷		
书　　号	ISBN 978-7-5657-3553-0	定　价	68.00 元

本社法律顾问：北京嘉润律师事务所　郭建平

前　言

产业链研究对目前中国各地区产业政策的制定和区域经济发展具有重要意义。推进产业链现代化是破解中国产业基础能力不足、部分领域"卡脖子"等难题和提升产业链水平的必由之路。我们要在借鉴部分发达国家经验的基础上，深化对产业链现代化规律的认识，准确把握产业基础高级化和产业链现代化、安全和效率、政府引导和市场机制、独立自主和开放合作、超大规模市场和产业发展等之间的关系，采取有力举措加快推进产业链现代化。

本书共六章，第一章产业链概述，介绍了产业链的基本内涵、产业链的分类、产业链的命名；第二章产业链的现代化发展，介绍了产业链的新进展、新挑战、新路径，产业链现代化的产业经济学分析，产业链发展与重构；第三章智慧城市产业链发展，介绍了产业链助力智慧城市发展、产业链与智慧城市融合模式、产业链与智慧城市融合的目标与路径；第四章产业链视角下中国农业产业发展，介绍了产业链视角下国外农业产业发展的经验及启示、产业链视角下中国农业产业发展机制及途径研究、产业链视角下中国农业产业发展的对策；第五章工业与产业链的结合发展，介绍了工业及其稳定增长发展、制造业产业链发展、机器工业产业链发展；第六章健康服务产业链发展，介绍了健康服务产业链的整合、大健康产业发展。

限于作者水平，书中难免存在纰漏及不妥之处，敬请读者批评指正。

作者

2022 年 4 月

目 录

第一章 产业链概述 ... 1
- 第一节 产业链的基本内涵 ... 1
- 第二节 产业链的分类 ... 16
- 第三节 产业链的命名 ... 24

第二章 产业链的现代化发展 ... 27
- 第一节 新进展、新挑战、新路径 ... 27
- 第二节 产业链现代化的产业经济学分析 ... 40
- 第三节 产业链发展与重构 ... 50

第三章 智慧城市产业链发展 ... 59
- 第一节 产业链助力智慧城市发展 ... 59
- 第二节 产业链与智慧城市融合模式 ... 69
- 第三节 产业链与智慧城市融合的目标与路径 ... 78

第四章 产业链视角下中国农业产业发展 ... 93
- 第一节 产业链视角下国外农业产业发展的经验及启示 ... 93
- 第二节 产业链视角下中国农业产业发展机制及途径研究 ... 104
- 第三节 产业链视角下中国农业产业发展的对策 ... 110

第五章 工业与产业链的结合发展 ... 127
- 第一节 工业及其稳定增长发展 ... 127
- 第二节 制造业产业链发展 ... 134
- 第三节 机器工业产业链发展 ... 147

第六章 健康服务产业链发展 ... 157
- 第一节 健康服务产业链的整合 ... 157
- 第二节 大健康产业发展 ... 168

参考文献 ... 185

第一章 产业链概述

第一节 产业链的基本内涵

一、产业链的概念

（一）已有的几种定义

自然界的生物之所以能维持生态平衡，是由于有生生不息的生物链在维系，而企业要想在不断变化的市场环境中求得稳定发展，依靠的正是上下关联的产业链。产业链被认为是一个十分传统的概念，早在1958年赫希曼就在《经济发展战略》一书中从产业的前向联系和后向联系的角度论述了产业链的概念。但随着供应链、价值链等理论的兴起与运用，产业链不再是学界的研究热点。据蒋国俊考证："产业链"一词最早是中国学者姚齐源、宋武生在其1985年发表的《有计划商品经济的实现模式——区域市场》中提出的。据李心芹、李仕明考证："产业链"一词最早是中国学者傅国华于1990—1993年在立题研究海南热带农业发展课题时，受到海南热带农业发展成功经验的启迪提出来的。可以说，"产业链"是一个中国化的名词。目前，"产业链"这个词在实际应用中用得较多，但理论研究很少。学术界对"产业链"的概念还没有达成一个统一的认识。

简新华认为，经济活动中的各产业依据前向、后向的关联关系组成了产业链。杨公仆、夏大慰认为，产业依据前向、后向的关联关系组成的一种网络结构称为产业链。产业链的实质就是产业关联，而产业关联的实质就是各产业相互之间的供给与需求、投入与产出的关系。龚勤林认为，产业链是各个产业部门之间基于一定的技术经济关联并依据特定的逻辑关系和时空布局关系客观形成的链条式关联形态。蒋国俊、蒋明新从战略联盟的角度论证了产业链，提出产业链是指在一定的产业集聚区内，由在某个产业中具有较强国际竞争力（或国际竞争潜力）的企业，与其相关产业中的企业结成的一种战略联盟关系链。郑学益认为，产业链就是以市场前景比较好、科技含量比较高、产品关联度比较强的优势企业和优势产品为链核，通过这些链核，以产品技术为联系，以资本为纽带，上下连接，向下延伸，前后联系形成链条，这样一个企业的整体优势就转化为一个区域和产业的整体优势，从而形成这个区域和产业的核心竞争力。李心芹、李仕明等认为，产业链是在一定的地理区域内，以某一个产业中具有竞争力或竞争潜力的企业为链核，与相关产业的企业以产品、技术、资本等为纽带结成的一种具有价值增值功能的战略关系链。李万立认为，产业链也叫价值链，是指围绕一个关键的最终产品，从形成到最终消费所涉及的各个不同产业部门之间的动态关系。周路明认为，产业链是建立在产业内部分工和供需关系基础上的一种产业生态图谱。产业链分垂直的供需链和横向的协作链。垂直关系是产业链的主要结构，也有人把这种垂直分工划分为产业的上、中、下游关系。横向协作关系则是我们经常提到的产业配套问题。郁义鸿认为，产业链是指在一种最终产品的生产加工过程中——从最初的自然资源到最终产品到达消费者手中所包含的各个环节所构成的整个的生产链条。

张耀辉认为，产业链是指从自然资源到消费品之间的产业层次，即从一种或几种资源通过若干产业层次不断向下游产业转移直至到达消费者的路径。依据此定义，他认为产业链具有以下含义：产业链是产业层次的表达；产业链是产业关联程度的表达；产业链是资源加工深度的表达；产业链是满足需求程度的表达。

哈里森认为，产业链是采购原材料，将它们转换为中间产品和成品，并且将成品销售到用户的功能网链。卜庆军、古赞歌、孙晓春认为，产业链是由某一主导企业倡导的通过某种契约达成的能满足最终顾客需求的相互有机融合的企业共生体，它是由供应商价值链、企业价值链、渠道价值链和买方价值链构成的企业共生价值系统。芮明杰、刘明宇认为，产业链表达的是厂商内部和厂商之间为生产最终交易的产品或服务所经历的增值的活动过程，它涵盖了商品或服务在创造过程中所经历的从原材料到最终消费品的所有阶段。

周新生认为，产业链指一个产业在生产产品和提供服务过程中按内在的技术经济关联要求将有关的经济活动、经济过程、生产阶段或经济业务按次序连接起来的链式结构。产业链的实质是技术经济关联链，具体可以是节点产业产品形成的涉及相关产业的物理形态产品链，亦是围绕节点产业技术所涉及的相关产业的技术链，或围绕节点上产业某一业务所涉及的相关业务构成的业务链，如产品链、供应链、销售链、物流链、信息链、研发链、需求链、风险链等。无论何种形态的产业链、何种层面的产业链，其本质都是以价值为纽带，将能够决定和影响节点产业产品主要价值的部分连接所构成的链。

刘贵富、赵英才认为，产业链是在一定地域范围内，同一产业部门或不同产业部门某一行业中具有竞争力的企业及相关企业，以产品为纽带，按照一定的逻辑关系和时空关系连接成的、具有价值增值功能的链网式企业战略联盟。吴金明、邵昶认为，产业链是基于产业上游到下游各相关环节的，由供需链、企业链、空间链和价值链四个维度有机结合而形成的链条。汪先永等认为，产业链是某种商品或服务的生产过程中能增加价值的一系列相互作用、彼此联系的基本活动的集合，包括三个主要过程，即研究开发、生产加工与产品销售。

刘刚认为，产业链是建立在波特价值链基础上的、由不同产业的企业所构成的一种空间组织形式，是相互独立的企业之间的连接，通常是指不同产业中企业之间的供给与需求关系。都晓岩、卢宁认为，产业链是指某一行业中从最初始的原材料生产到初步加工、精加工、最终产品生产直至最终产品到达消费者手中为止的整个过程。它反映的是各产业之间以及产业内部各部门、各环节之间的内在关联。产业链存在低级和高级两种形式，其主要区别在于不同的形式下产业链中企业之间联系的紧密程度不同。低级产业链中的各企业仅仅因产业的内在关联而被组织在一起，属于单纯的市场交易关系，联系比较分散。而高级的产业链是一种新型的企业组织形式，各企业之间是长期的战略联盟关系，这种关系主要体现于从战略供货到核心业务领域内的合作，以至于产业链中的各企业能够在各方承诺的关键领域中像单一公司那样运作。

张铁男、罗晓梅认为，所谓产业链，是以生产相同或相近产品的企业集合所在产业为单位形成的价值链，是承担着不同的价值创造职能的相互联系的产业、围绕核心的产业，通过对信息流、物流、资金流的控制，在采购原材料、制成中间产品以及最终产品，通过销售网络把产品送到消费者手中的过程中形成的由供应商、制造商、分销商、零售商、最终用户构成的一个功能链结构模式。产业链将相关产业联系在一起，表现的是不同业态之间的关系。一般来讲，产业链始于自然资源、止于消费市场，但起点和终点并非固定不变。

一条完整的产业链必然是以产业之间的分工和合作为前提的。因为没有分工，就无法区分相应的各个价值增值环节，也就没有产业链的存在。贺轩、员智凯认为，产业链是产业经济学中的一个概念，是建立在产业内部分工和供需关系基础上的，从最初始的原材料生产和销售到中间产品生产和销售，再到最终产品生产和销售全过程中各个环节所形成的一种企业群体的关联图谱。产业链分为垂直的供需链和横向的协作链。垂直关系是产业链的主要结构，通常将其划分为产业的上、中、下游关系；横向协作关系则是指产业配套。从现代工业的产业链环节来看，一个完整的产业链包括原材料加工、中间产品生产、制成品组装、销售、服务等多个环节。实际上，任何产业都能形成一条产业链，现实社会中存在着形式多样的产业链，而且众多产业链会相互交织构成产业网。因此，我们可以说，产业链的概念有广义和狭义之分。广义的产业链包括满足特定需求或进行特定产品生产（及提供服务）的所有企业集合，涉及相关产业之间的关系；狭义的产业链则重点考虑直接满足特定需求或进行特定产品生产（及提供服务）的企业集合部分，主要关注产业内各环节之间的关系。

赵绪福认为，产业链是指从初始资源直到最终消费的路径上，由若干相关产业部门基于经济活动内在的技术经济联系，客观形成的前后顺序关联的、有序的经济活动的集合。

赵绪福还认为，产业链是一种客观实在的关联关系。产业链的实质就是产业关联，而产业关联的实质则是产业相互之间供给与需求的关系。产业链的关联关系是一种时空顺序。一方面，产业链有时间的次第，链条的上下链环之间存在着明显的时间次序和逻辑因果关系，并且依据时间的先后顺序，产业链呈现相应的运行轨迹。另一方面，产业链有空间的归属和地理的布局，各个产业链环的主体（企业）总是从空间上落脚到一定区域。产业链是供求关系与价值的传递。从供给的角度看，产业链是资源功能传递、功能集中和功能累加的手段。资源在产业链的各个环节上进行传递，并伴随着功能的传递和累加，使效用或使用价值在原来的基础上不断增加。从需求的角度看，产业链又是满足需求的表达。产业链的每个环节都对其上游环节提出需求，同时又对其下游环节进行供给，不仅出现了相向的以产业链为平台的供给与需求传递，而且以此为基础产生了使用价值和价值的相向传递。一方面，虽然产业链始于初始资源、止于最终消费市场，但起点和终点并不是固定不变的。产业链的范畴具有伸缩性，由于初始资源和消费市场具有相对性，视研究的内容和范围不同，产业链路径的起止点也不同。另一方面，虽然产业链定义在产业层次，但由于产业的概念本身具有伸缩性，因而产业链的层次也具有相同的伸缩性。产业链有若干分解形式。产业之间关联关系的内容具有多样性，如产品、技术、信息、资金和价格等，因此对产业链的审视角度不同，产业链可以分解成不同的形态。以产品为联系内容的产业链形态，构成产业链中的物质流，通常称为产品链；以价格或资金为联系内容的产业链形态，主要是价值的表现，因此被称为产业价值链。这些既是产业链的表现形态，也从不同侧面对产业链产生影响。

鲁开垠认为，在一个产业环境中，各种产业之间相互关联、相互区别、相互依赖，一种产业的存在成为另一种产业发展的前提或结果，每一种产业只是产业系统中的一个环节或一个片段，各个环节或片段连成一体就变成产业链。

卢明华认为，产业链是具有某种内在联系的产业集合，这种产业集合由围绕服务于某种特定需求或进行特定产品生产所涉及的一系列互为基础、相互依存的产业所构成。产业链具有三个方面特征：构成产业链的各个组成部分是一个有机整体；产业链上的各个组成部分呈现出分离和集聚并存的趋势；产业链存在繁简程度的差异性。

除上述专家学者观点外，还有许多学者在文献里提及产业链概念，这里不再赘述。

（二）对上述定义的分析

不同学者在不同的时间里，从各自不同的专业背景出发，为各自研究的需要，从不同角度对产业链进行了定义。应该说，从某一角度看，这些定义都是正确的，但也都有一定的局限性。造成这种现象的根本原因有三个：一是由于产业链本身概念的模糊性和内涵的复杂性，学术界在对纷繁芜杂的产业链现象进行研究的过程中，始终缺乏一个明晰的分析框架。二是产业链研究刚刚起步，实际工作中涉及"产业链"这个词的文章虽不少，但学术界在理论上研究产业链的文献却很少。不同学者从不同视角给出了产业链的不同定义恰恰说明了这一点。三是产业链是一个在中国广泛使用的经济学概念，国外很少有研究产业链理论的论文借鉴参考。

综合分析比较上述各位学者给产业链下的定义，找出其中的相同点和不同点，比较这些相同点与不同点可为进一步深化产业链研究、揭开产业链的本质奠定基础。

相同点：产业链中包含有不同的相关产业；产业链中包含有多个相关企业；产业链中的企业是上、下游关系；产业链是围绕用户需要的某一最终产品进行的生产交易活动；产业链是一条价值增值链。

不同点：一是研究的视角不同。从上述不同学者给产业链下的定义可以看出，产业链定义可分成六组。第一组是基于供应链角度的产业链定义，如刘刚、周路明、贺轩等学者的观点；第二组是基于价值链角度的产业链定义，如李万立、哈里森、芮明杰、吴金明、张铁男等学者的观点；第三组是基于战略联盟角度的定义，如蒋国俊、蒋明新、李心芹、李仕明、刘贵富、赵英才等学者的观点；第四组是基于产业前后技术经济关联角度的定义，如杨公朴、夏大慰、龚勤林、赵绪福等学者的观点；第五组是基于核心竞争力角度的产业链定义，如郑学益等学者的观点；第六组是基于生产工艺流程的产业链定义，如郁义鸿、汪先永等学者的观点；当然，这六组的分类是相对的，实际上，每种定义都包含了多重关系，这里只是按最主要的方面分成六组而已。二是研究的出发点不同。简新华、杨公朴、夏大慰是在研究产业关联时给出的产业链定义；龚勤林是在研究区域产业链时给出的定义；蒋国俊、蒋明新是在研究产业链稳定机制时给出的定义；郑学益是在研究提高区域核心竞争力时给出的定义；周路明是在研究高科技产业链时给出的定义；李心芹、李仕明是在研究产业链中间产品定价时给出的定义；芮明杰、刘明宇是在研究产业链整合时给出的定义；其余在此不再详述。正是由于研究的出发点不同，所以给出的产业链定义都带有所研究问题的烙印。三是考虑的因素不同。上述不同学者给出的产业链定义或长或短，考虑的因素相差较多，虽然都将产业链的基本特点表达出来了，但还不全面。

评析：按照《现代汉语词典》的解释，概念是思维的基本形式之一，反映客观事物的一般的、本质的属性。人类在认识过程中，把所感觉到的事物的共同特点抽出来，加以概括，就成为概念。概念有两个基本的逻辑特征，即内涵和外延。内涵就是概念所反映的对象的特有属性；外延则是概念所反映的对象范围，亦即概念适用的对象范围。内涵和外延作为概念对对象的特有属性和对象范围的反映，具有主观性，它们是一定历史时期人们认识的产物。客观事物和人们认识的发展变化，都将引起概念内涵和外延的变化。由概念的特点可知，不同时期、不同学者从不同视角给出产业链的不同定义，充分反映了当时人们对产业链的认知程度，也真实反映了产业链理论研究的水平。现在，产业链的相关研究飞速发展，各地区产业链政策也都陆续出台，"十四五"期间，中国将进一步加大产业结构调整力度，因此，深入研究产业链的内涵和外延，给出一个适应当今经济发展速度、反映当今产业链理论研究水平的定义是迫在眉睫的事情。但准确给出一个产业链概念的定义，并获得学界、商界和政界的一致认可是一件非常困难的事情。我们综合各位学者的观点，在各位学者已有研究成果的基础上，试着给出了一个产业链概念的定义，妥否，请各位专家学者指正。

（三）产业链的科学定义

为了准确把握产业链概念的本质，我们先来研究一下已有的产业链结构组成和产业链的组织性质，然后再来研究产业链的科学定义。

1. 产业链的结构组成

产业链描述的是企业内部和企业之间为生产最终交易的产品或服务所经历的价值增值的活动过程，它涵盖了商品或服务在创造过程中所经历的从原材料到最终消费品的所有阶段。随着社会分工的细化，没有任何一种产品或服务可以由一家企业完全提供。一个企业所能向顾客提供的价值，不仅受制于自身的能力，还受到上下游企业的制约，因为产业链条中的企业是相互依存的。一个企业向客户提供的产品或解决方案，包含了不属于该企业所控制的成分。因此，企业应注意强化产业链中的薄弱环节，主动提高制约自身价值链效率的上下游企业的运作效率，从而提高整个产业链的运作效能，使其竞争优势能建立在产业链整体释放的效率基础上。

产业链的结构一般由核心企业和上游供应商、下游销售商组成。上下游企业之间是有形产品的纵向关联。

2. 产业链的组织性质

（1）中间组织的本质特征

罗纳德·科斯在1937年的经典论文《企业的性质》中，提出了"企业—市场"分析框架，开创了交易费用理论乃至整个现代企业理论研究的先河。在该文中，科斯首次提出了"交易成本"这一具有重要影响的概念。科斯认为："企业的显著标志是对价格机制的替代。"企业利用权威协调取代了市场的价格协调，用一个长期合约取代了若干个短期合约，从而有效地节约了交易成本。企业的出现就在于其能够节约市场的交易成本；而随着企业规模的扩大其本身也会产生组织成本，企业与市场的边界就在于企业自身所产生的边际组织成本与市场所产生的边际交易成本相等的那一点上；所谓企业的性质，自然也就是对市场的替代物，旨在节约交易成本。按照科斯的理论逻辑，企业和市场的本质并无多大的不同，两者作为资源配置的一种组织形式，除了在效率（节约交易成本的程度）上有所差异外，完全可以作为一般等价物来看待，是一种严格的非此即彼的关系。

自1937年"科斯定理"问世以来，许多经济学家借助交易成本概念对市场和企业科层两种基本组织形式进行了重新研究和认识。他们的研究表明，现实经济组织的很大一部分，既不是纯粹的等级制企业科层组织，也不是完全竞争的纯市场组织。在等级制企业科层组织和完全竞争的纯市场组织之间，存在一个宽广的中间地带，处在这个地带的经济组织被称为中间性组织。对这一理论作出重大贡献的是新制度经济学家威廉姆森。威廉姆森认为，纯市场交易和一体化科层组织之间有许多渐变的中间性组织体系，中间性组织可以看作是市场中的企业关系网络，大量的中间产品的存在是企业关系网络构建的必要条件之一，企业间中间产品的交易效率足够高，直到高于中间产品的企业内交易效率是企业关系网络构成的另一个必要条件。

中间性组织具有市场与企业的双重特性，但并不是市场与企业的简单混合。同市场交易双方的完全独立和企业内部交易的完全不独立相比，在中间性组织内交易的各方保持着相对独立性，对交易的调节建立在双方联合一致的基础上，一方的经济行为不仅要考虑自己的利益，还要考虑另一方的利益。如果双方存在着互补与依赖的资源，并且看重长远利益，这些企业就会结合成中间性组织形式。因此，长期、稳定的相互信任与合作也是中间性组织的一个重要特征。从经济学角度来看，中间性组织的本质特征是一种具有有组织的市场和有市场的组织双重属性的合作竞争型准市场组织。

中间性组织形态有很多种，如果我们把企业看作是一个点，而把市场看作一个平面，把企业这个点到平面上一个点的连线看作一个中间性组织的话，则从企业这个点到市场这个平面有无数条直线。也就是说，从理论上讲，位于企业和市场之间的中间性组织有无数个形态，但实际上，线条连接是有限的，也就是位于和市场之间的中间性组织形态是有限的，这些形态是不断发展变化着的。

中间性组织按企业之间的关联关系可分为纵向关系、横向关系和网状关系三大类，每一大类又包含有若干种表现形式。

纵向关系研究的是上下游企业之间的关系，企业之间主要是合作—竞争关系。按企业的纵向关系，中间性组织可分为两大方面，一是纵向一体化，二是纵向约束。纵向约束包括纵向行为约束、纵向价格约束和复合约束三种。纵向行为约束包括数量固定、搭售、独占交易、独占区域、共同代理、拒绝交易、服务要求等；纵向价格约束包括非线性收费、抽成、通道费、转售价格控制等。复合约束就是同时使用纵向行为约束和纵向价格约束两种约束形式而形成的约束等。按企业的横向关系，中间性组织可分为动态联盟、技术联盟、知识联盟、战略联盟、互惠交易、长期缔约、特许经营、参股、控股、分包制、企业集团。按企业的网状关系可分为网络组织、虚拟企业、价值网络、产业集群、企业集团等。

（2）中间性组织的优势分析

尽管中间性组织表现形态不同，但从本质上来说都是一种追求利润最大化的装置。中间性组织的优势就在于同时兼具企业和市场的某些特征，依靠价格机制和科层机制这两种控制手段来共同完成资源的配置活动。如果说经典的"企业—市场两分法"只考虑到了效率的因素——节约交易成本，而无法将中间性组织纳入分析框架中的话，那么我们在此基础上增加一个用以反映效益因素（增加产出）的指标——激励程度，从而以交易成本和激励程度这两个反映效率和效益的指标取代经典"企业—市场两分法"中交易成本这唯一一个指标来作为衡量各种中间性组织优劣的标准，这就构建了一个二维的"企业—市场—中间性组织"分析框架。

在"企业—市场—中间性组织"分析框架中，企业和市场这两种最普通的经济组织形式都存在着非常明显的优点和缺点：企业的交易成本最少，但是激励相对不足；市场的激励效果最强，但是交易成本相对较高。而作为有别于这两种交易机制的中间性组织，其节约交易成本和进行激励的能力均介于两者之间。因此，从追求效率最大化（在维持总收入不变的情况下，通过节约交易成本来达到利润最大化）的角度来看，企业组织要优于市场机制和中间性组织；从追求效益最大化（即在维持交易成本不变的情况下，通过增加产出来达到收益最大化）的角度来看，市场机制要优于企业和中间性组织；所以从综合的角度（既追求效率又追求效益）来看，中间性组织则要优于企业和市场。

（3）产业链的组织性质

产业链中的企业之间有三种主要关系，即纯粹的市场交易关系、产权关系和契约关系。产权关系一般体现为企业通过兼并、收购、持股、控股等形式对其他企业进行纵向控制或实行纵向一体化管理；契约关系是指企业之间通过契约合同所建立的既非产权又非完全商品交易的关系。可见，产业链是一种组织系统，这种组织系统既非纯企业也非纯市场。

根据"企业—市场—中间性组织"分析框架可知：产业链是介于企业、市场之间的一种中间组织。又由中间性组织的性质可知，产业链是"有组织的市场"和"有市场的组织"双重属性的合作竞争型准市场组织。产业链在弥补市场分工的不完备性和契约的不完善性的同时，又具有企业科层内部金字塔控制结构在组织和管理生产方面的优势，能将市场不可能专业化和单个企业无力一体化的经济活动纳入由众多企业构成的高度专业化的分工与协作网络中。

在生产方面，产业链内的企业形成一个纵向协作，资源、能力优势互补的生产联合体，从而大大提高了产业链的生产效率。

在交易方面，产业链以较低的交易成本实现了较高的交易市场化程度，因而是一种节省交易费用的制度安排。

3. 产业链的科学定义

分析现有产业链的结构组成，结合产业链组织性质的研究，综合分析各位学者给产业链下的定义，这里提出产业链的科学定义为：产业链是同一产业或不同产业的企业，以产品为对象，以投入产出为纽带，以价值增值为导向，以满足用户需求为目标，依据特定的逻辑联系和时空布局形成的上下关联的、动态的链式中间组织。产业链种类很多，从不同角度划分可分成不同类型的产业链。如按形成机制划分，产业链可分为市场交易式、等级式、网络式三种类型、五种基本模式。

形成产业链的企业，可以是同一产业的，也可以是不同产业的。例如，汽车产业链，它的企业有来自橡胶工业的轮胎生产，有来自机械工业的发动机生产，有来自电气工业的电线生产，还有来自第三产业的维修服务。

产业链是企业的集合，企业是产业链的载体。

产业链是以产品为对象，即以生产的对象为对象形成的，这里的产品可以是看得见摸得着的物品，也可以是服务，如教育服务、金融服务等。

产业链是以投入产出为纽带，上一企业生产的产品一定是下一企业的投入，直到完成整个产品的生产或服务为止。

产业链是以价值增值为导向，产业链中的企业从上游到中游再到下游是一个不断增值的过程，直到用户买走产品，实现了产业链的价值为止。

产业链是以满足用户需求为目标的。产业链从原材料供应直到生产出用户需求的产品，整个过程都是按用户需求来组织生产的，如果生产出的产品，用户不需要，则产业链的价值就无法实现。

产业链包含有生产、交易两大过程。链内不同企业的专业化分工和企业部门间的垂直协作关系在生产功能上是完全一致的，众多企业围绕某一核心企业或某一产品系列在垂直方向上形成了前后关联的一体化链条。产业链的交易既含有链内企业间的交易，也含链内企业与链外企业的交易。

产业链的关联关系有时间的次第性和空间的区位指向性。

产业链的组织性质是中间性组织形式，是"有组织的市场"和"有市场的组织"双重属性的合作竞争型准市场组织。

产业链有很多种类，从不同角度划分有不同的类型。

产业链中的企业的逻辑关系是产品工艺分工关系或功能分工关系。

产业链起始于初始资源，终于消费市场，但由于初始资源和消费市场具有相对性，因此产业链的起止点是相对的，是随着研究问题的内容和范围而变化的。

从不同角度考察，产业链有不同的表现形式。从价值创造的角度看，产业链是指在同一产业内所有具有连续追加价值关系的活动所构成的价值链关系。从产品结构的角度看，产业链是指以某项核心技术或工艺为基础，以市场前景较好、科技含量较高、产品关联度较强的优势企业和优势产品为链核，以产品技术为联系，以投入产出为纽带，上下联结、向下延伸、前后向密切联系而形成的产品链。从产业间结构链的角度看，产业链是指组成产业结构的第一、第二、第三产业的细分部门之间的前后向产业联系。产业结构链关注的是一个产业的前向和后向关联，上游和下游产业匹配，即我们通常所讲的产业关联和配套。

从总体上考察，这些"价值链""产品链""结构链"是内含在产业链中的一个子链，我们称之为产业链的"内含链"。所以，产业链是一个内含有不同子链的复合链。

构建产业链包括接通产业链和延伸产业链两个层面的内涵。接通产业链是指将一定地域空间范围内的产业链的断环和孤环借助某种产业合作形式串联起来；延伸产业链则是指将一条已经存在的产业链尽可能地向上游延伸或下游拓展。产业链向上游延伸一般使得产业链进入基础产业环节或技术研发环节，向下游拓展则进入市场销售环节。构建产业链的最终目的是在产业链拓展和延伸的过程中，一方面接通断环和孤环，使得整条产业链产生原来断环或者孤环所不具备的利益共享、风险共担方面的整体功能；另一方面衍生出一系列新兴的产业链环，通过形成产业链，增加产业链附加价值。

二、产业链与供应链的辨析

供应链是个管理学概念，产业链是个经济学概念。供应链是从供应角度考察上、下游企业之间关系的，产业链则是对不同产业而言的。产业链总是客观存在的，而供应链不构成供应关系就不存在。产业链是供应链的一个物质基础，供应链是针对某一产业链而言的。产业是通过企业和企业的产品来表现的，即产业链有企业和产品两个节点，而供应链只有企业一个节点。

供应链和产业链统一于企业运动之中，两者的研究对象相同，都离不开具体的企业和具体业务，如物流、资金流、信息流等；产业链、供应链都是顾客价值的提供链和传递链，也是一条增值链，两者主要都是由市场需求拉动的，而且随着市场的变化而不断发展；企业间的竞争，实质上是产业链间的竞争，也是供应链间的竞争；产业链决定供应链，供应链服务和服从于产业链。

产业链管理的核心是围绕价值活动环节进行分析，从而提高企业的竞争能力，创造更多价值；而供应链管理注重各成员在特定合作关系与合作模式的基础上，对物流、信息流、资金流等流程和业务活动进行集成，实现供应链整体效益的最大化，最后根据约定的利益分配机制共同分享供应链的整体盈余。因此，总的来说，产业链的价值分析侧重于从"活动"角度分析，而供应链的价值分析则习惯以"成员"为着眼点。

产业链反映的是企业更深层的内容，如经营战略、竞争优势等；供应链反映的是操作层的具体业务运作，如物流、库存、信息流等。

供应链只是产业链的一种表现形式，产业链还有其他表现形式，如生产链、技术链、产品链等。

综上所述，产业链和供应链管理都是企业运动的必然结果，二者统一于企业运动之中，它们的关系既不是并列交叉关系，更非种属关系，而是内容与形式的哲学关系。产业链管理应注重宏观、战略、定性等方面的研究和应用，供应链管理则更应注重微观操作、运行管理、定量等方面的研究和应用。

三、产业链与产业集群、产业集聚、企业集群之间的区别与联系

（一）产业链与产业集群的区别与联系

产业集群是指大量联系密切的企业以及相关支撑机构在某一特定地理区域内集聚，并形成区内企业之间柔性专业化分工、结成紧密的合作网络、植根于当地不断创新的社会文化环境的空间组织体系。

产业链强调的是产业内企业间的产业关联和配套关系。如果企业之间的产业关联和配套比较紧密和完善，那么我们说这些企业构成了完整的产业链，所有企业在这条产业链中都发挥了应有的作用，只是它们在其中的地位和作用不尽相同，有的企业起着核心主导作用，有的企业则扮演着为核心企业配套的角色。

一般而言，产业链上的企业，可以是地理靠近的，也可以是空间离散的。而产业集群则要求产业内企业尽可能在空间、地理上靠近，同时产业集群内

企业既要在纵向构成一条完整的产业链或产业链片段，在横向还要构成竞争合作链。如果产业集群内的企业在产业联系上构成了一条或若干条完整的产业链，通常会形成规模较大、竞争力较强的产业集群。

产业链并不就是产业集群，但产业集群内一定含有一条或几条完整的产业链或产业链片段。一条或几条完整的产业链或产业链片段在某空间区域内发展壮大，就形成了产业集群。产业链可分成若干层次，相应的每个层次的产业链形成了若干不同级别的产业集群。一个开发区内有很多企业扎堆，这些企业既不一定构成产业链，也不一定能构成产业集群。一个工业园区内有若干企业扎堆，这些企业一般都能形成一条或几条产业链，但不一定能构成产业集群。

产业集群具有地理空间集聚性、关联共生性、柔韧专精性、合作网络性、社会根植性、区域创新性六大基本特性。

（二）产业集聚与产业集群的区别与联系

产业集聚和产业集群是区域经济发展的两个不同阶段。产业集群是指在特定领域内大量高度专业化的产业及其相关的支撑企业和其他组成机构等以完善的组织方式柔性集聚并结合成信任与合作网络，这种既有竞争又有合作的网络中的企业深深地植根于当地不断创新的社会文化环境中；而产业集聚是指在特定领域内同一个产业或几个不同但相关的产业及其支撑企业在一个地理空间上的集中、集合。

从经济参与者来看，产业集群包括在特定领域内多个相关产业的支撑企业，与技能、技术或投入相关的产业公司和提供咨询服务的中介机构。除此以外，还包括促进合作企业间进行合作的生产商协会，提供专业化培训与教育、信息研究和技术支持的大专院校和科研机构，以及提供政策支持和制度保障的政府等其他机构；而产业集聚仅包括在特定经济领域内的同一产业或不同相关产业的支撑企业。显而易见，相比较而言，产业集群的参与者比较丰富，除企业还涉及其他组织机构，而产业集聚的参与者较单一。

从经济参与者之间的关系及其与当地社会文化环境的关系来看，两者有本质区别，这也是两者最根本的区别所在。产业集群内的企业在弹性专精的基础上形成了长期稳定但又不缺乏激烈竞争的信任合作关系网络，这种关系网络中的企业深深地植根于当地不断创新的社会文化环境中。这种植根性促进了产业间的快速黏合，加深了产业对当地经济的影响，使这一地区的经济具有更强的竞争力。而产业集聚内的企业不存在广泛而密切的联系，未形成长期的信任合作关系网络，它们处于一种比较分散的状态，对当地的社会文化环境也不存在深深的植根性。企业间的较分散的关系和与当地社会较疏远的关系，导致了这种经济的不稳定性和易移动性，因此它对提升当地经济的竞争力的作用是比较弱的。

从在区域经济发展中所处的阶段来看，产业集聚经济是区域经济发展的初级阶段，而产业集群经济是区域经济发展的高级阶段。这一点从两者的词义中也可以看出。一般情况下，"集聚"是一个动词，它代表一种行为、一个发展过程；而"集群"是一个名词，它代表一种状态、一种行为和发展过程的结果。也就是说，产业集聚是产业集群发展的基础，产业集群是产业集聚高度发展的结果。

（三）企业集群与产业集群的区别与联系

企业集群是指由众多自主独立企业，在某一特定领域内和一定地理位置上，依据某种内在关联因素和外在的环境条件，通过集聚过程形成的具有相互依存性的有机整体。

企业集群与产业集群主要有四点区别与联系。第一，在集群层次上，两者不同，产业集群是中观层次的集群，企业集群是微观层次的集群。企业集群是产业集群的基础，产业集群是企业集群发展的高级阶段，是企业集群的一种特殊类型。集聚为企业群的企业可能多种多样，规模大小、生产内容和组织结构都可能存在很大差异。但是，如果具有某些共同特征的企业集聚在一起，就会产生一种新型的产业组织形式——产业集群。产业集群概念是企业集群概念的自然延伸。第二，从本质上讲，产业集群是企业间联系网络这一抽象空间和区位禀赋网络这一具体空间叠加而形成的产业网络组织。产业集群是经济学概念，企业集群是管理学概念。第三，企业集群中的所有企业必须在地理上接近，而产业集群并不要求所有企业必须在地理上接近，它们可以是地理分散型的，甚至是跨越国界的。第四，产业集群的企业、机构是在一个价值链或知识、生产网络上的，简单的同类企业集聚并不必然形成产业集群。因此，某些开发区内的简单产业集聚和某些以极少数大企业为中心形成的供应网络，由于它们之间缺乏必要的分工合作，或者缺少充分激烈的竞争创新，都不能称为产业集群。

第二节 产业链的分类

一、已有的几种分类

产业链从不同角度出发有不同的分类方法。李心芹、李仕明等从产业链内部企业与企业之间的供给与需求的角度把不同产业的两个企业组建的产业链分为资源导向型、产品导向型、市场导向型和需求导向型四种结构类型。潘成云从产业价值链的发育过程将产业价值链分成技术主导型、生产主导型、经营主导型、综合型四种类型；从产业价值链的形成诱因视角，将产业链分成政策诱致型和需求内生型两种；从产业价值链的适应性视角，把产业价值链分为刚性产业价值链和柔性产业价值链两种。刘大可根据产业链中企业之间的相互依赖程度，将企业与其供应商的关系划分为供应商垄断型、目标企业垄断型、独立竞争型和相互依赖型四种。龚勤林从生产要素投入视角，将产业链分为劳动力追加链、资金追加链、技术追加链、附加价值链四种。郁义鸿从理论研究视角将产业链分为产业链类型Ⅰ、产业链类型Ⅱ、产业链类型Ⅲ。郁义鸿认为，对于具有纵向关系的产业链环节，两个行业之间存在的是上下游关系，其产品分别具有投入品和最终产品的特性。我们不妨将上游行业的产品记为产品A，将下游行业的产品记为产品B。通常假定，下游厂商是直接面向消费者的生产者或上游产品的零售商。

对于这样的上下游关系，可以根据产品A是否为中间产品这一属性加以区分。可能存在三种不同情况：第一是最终产品；第二是纯粹的中间产品；第三种可能是产品A既可以作为产品B的投入品，又可以作为最终产品直接面向消费者。我们分别称其为类型Ⅰ、类型Ⅱ和类型Ⅲ。

产业链类型Ⅰ：产品A本身就是最终产品。在这种情况下，所谓下游行业是产品A的分销环节。

产业链类型Ⅱ：产品A是纯粹的"中间产品"，也就是说，产品A只能作为产品B的投入品。这里的中间产品可包括一大类基础设施，如铁路的路轨、电信网络、民航机场、某些交通基础设施等。

再如各种汽车零部件都是整车的投入品，且它们自己除了用于维修更换或升级换代之外都不能直接面对消费者；又如皮鞋制造中所用到的皮革与其他原料也都是纯粹的投入品。

产业链类型Ⅲ：产品 A 既可以作为最终产品直接面向消费者，也可以作为产品 B 的投入品。例如，电信中的市内电话既是直接面向消费者的电信服务，又是长途电话的投入品；葡萄既是直接的消费品，又是葡萄酒行业的不可缺少的投入品。

范晓屏根据产业链中龙头企业的地位，将产业链分为王国式产业链、共和式产业链、联邦式产业链三种类型。

二、产业链的科学分类

本书在前人研究成果的基础上，借鉴相关的理论研究，提出了产业链的六种主要分类方法，它们是形成机制分类法、行业分类法、层次范围分类法、关联结构分类法、生态特性分类法、龙头企业地位分类法。

（一）按形成机制分类

产业链的形成按外界因素作用力的大小可分为自组织形成的产业链和他组织形成的产业链两种类型。他组织形成的产业链又可分为"自下而上"和"自上而下"两种方式。自组织形成的产业链是指产业链的形成完全是企业的自发行为，没有外界因素的作用，产业链中节点企业之间的关系为简单的市场交易关系。节点企业在产业链中的地位完全平等，没有核心企业，也没有哪个企业从产业链中赚取垄断利润。自组织产业链条短，连接力不强，不能发挥产业链的功能效应，是产业链发展的低级阶段。自组织产业链又可称为市场交易式产业链。他组织产业链"自下而上"的方式往往都是在产业链雏形已具备之后，地方政府再通过政策加以规划、引导，对产业链雏形进行培育，使之不断发展壮大；他组织"自上而下"的方式，主要是在地方政府积极主动的规划、扶持下得以出现、发展和壮大的。产业链在形成发展过程中受到国际产业链的布局调整、国家产业结构调整、地方产业政策的引导等诸多因素的影响。这诸多外界因素作用于产业链，必将促进产业链的形成与发展，进而演化成不同类型的产业链。在外界因素作用下，产业链在某空间区域内不断延伸和拓展，不断接通断环和孤环，使产业链节点企业的富集程度不断增加，节点企业之间的竞争程度也日益激烈，不断兼并重组，优胜劣汰，最后形成了纵向一体化式产业链、纵向约束式产业链两种类型。所以，产业链可分为市场交易式、纵向一体化式、纵向约束式三种类型。

纵向一体化是指上游（下游）企业通过购买下游（上游）企业的产权获得被收购企业的控制权。纵向一体化式产业链中的企业同属于一个集团公司，集团公司通过产权控制着产业链的上游（下游）企业的生产经营活动，产业链内的市场交易转化为集团公司的内部生产，从而使生产经营更加稳定。一般来说，钢铁、石油、煤炭、汽车等进入壁垒高、容易产生垄断的产业往往形成一体化式产业链。纵向一体化产业链能像一个企业一样进行生产交易活动，治理模式是等级控制，所以又称为等级式产业链。

纵向约束式产业链是指产业链的核心企业对节点企业进行行为限制和价格限制，以便赚取高额垄断利润。行为限制有独占交易、独占区域、共同代理、拒绝交易、搭售等形式，价格限制主要有场位费、抽成、转售价格等形式。纵向约束式产业链节点企业间的行为既非市场交易又非产权控制，而是通过"契约"来控制产业链节点企业的行为。所以，纵向约束式产业链又称为契约型产业链或网络型产业链，网络型产业链还可进一步分为模块式、关系式、控制式三种模式。概括起来，产业链可分为三种类型、五种基本模式。现实中的产业链可能是市场式、等级式、模块式、网络式、控制式中的一种，也可能是这五种基本模式的复合，即复合式产业链。例如，一条产业链的一部分链节是纵向一体化式产业链，而另一部分链节却是纵向约束式产业链，这样的产业链就是复合式产业链。从产业链的空间维度考察，产业链落在这个区域内的链节和落在另一个区域内的链节完全可能是不同类型的产业链，从产业链的时间维度考察，一条产业链在形成过程的不同阶段，其产业链类型不是一成不变的，而是随着产业链的发展而发展的。例如，某产业链在形成初期，是自发形成的市场交易式产业链，但由于受国家产业结构调整的影响和地方产业政策的引导，这条产业链在运行中不断调整、发展，不断延伸拓展，逐步发展成纵向一体化式产业链或纵向约束式产业链。再如，一条纵向一体化式产业链，用企业集团内部计划代替了市场交易，生产稳定，但内部管理费用剧增，当管理成本大于市场交易成本时，产业链将由纵向一体化发展为纵向拆分，主动或被动将生产环节的某一部分剥离，退出上游或下游某个市场，从而产业链形式也由纵向一体化式演变成纵向一体化式与纵向约束式组合成的复合式产业链。

前面提出了产业链的五种基本模式（又称为治理模式），现在要解决的问题是在什么条件下，上述产业链的五种模式可能出现。程新章认为，交易的复杂程度、交易信息的明示程度、供应商的生产能力三个影响要素决定了治理模式的变化。

假设上述三个影响要素只有高和低两个指标加以衡量，则共有八种不同的可能性治理模式，其中五种组合表明了现实存在的五种治理模式。

现将五种治理模式分述如下。

一是市场交易式治理模式。当交易能轻易地明示，产品的规格相对简单，供应商不需要购买商特定投入就有能力生产满足购买商所需的产品时，市场交易是最好的模式。此时，购买商根据规格需求选择产品，供应商根据价格供给产品，由于信息交换的复杂程度相对较低，交易完全可以通过市场模式来完成。其运行的核心机制就是价格机制。

二是模块式治理模式。模块是指可系统化的、承担确定功能的半自律性的子系统，通过和其他同样的子系统按照一定的规则相互联系而构成更加复杂的系统或过程。模块化是系统的分解与集成，是追求创新效率与集约交易费用的分工形式，不过承担具体模块的经济体不但要能在既定的规则下完成该环节，而且要在该环节中有很好的创新和突破。该模式中，交易过程中所需的监督和控制程度都很低。相对于关系式，模块式给了其所承担的价值环节中生产、设备等方面更大的弹性空间，不能利用该弹性空间也就失去了模块型最根本的组织优势。当产品的设计结构是模块性的、技术标准建立在明示知识基础之上的这种关系有市场交易的种种优越性——速度、灵活以及低投入，双方的转换成本相对较低，但这种关系又不同于市场关系只是通过价格来维持，供应商和购买商之间有较多的价格之外的信息联系。

三是关系式治理模式。当产品的规格不能明示化、交易比较复杂、供应商的生产能力较高时，产业链关系式治理模式将产生。此时，因为具有竞争力的供应商为购买商补充了需要外包增强竞争力的机会，购买商和供应商之间的隐性知识交换是必须进行的，复杂的隐性知识的交换需要双方之间面对面的接触，必须通过较高水平的非市场协调来完成，因此双方之间转换新的合作伙伴的成本相对较高。这种关系模式中，企业一般都是通过声誉集聚在一起，一般会表现出很强的社会同构性、空间邻近性、家族种族性等特性。

四是控制式治理模式。当产品规格的复杂性较高，交易信息的明示程度较高，而供应商的生产能力相对较低时，产业链控制式治理模式将出现。因为面对复杂的产品规格和产品信息明示程度较低的情形，生产能力较低的供应商需要购买商的干预和控制。此时，供应商因为面临较高的转换成本而受到购买商的控制，受控制的供应商通常业务范围相对较窄，譬如装配、后勤、零部件的购买等方面。由于购买商的主导地位，控制式模式因而避免了机会主义。在这种治理模式中，众多中小厂商特别是小型厂商主要依附于几个大型厂商。由于改变这种依附关系要付出很高的转换成本，因而中小厂商在这种模式中是被大型厂商所领导或俘获的。该种模式中大型厂商一般会对中小型厂商具有很强的监督和控制力。

五是等级式治理模式。当产品的规格不能明示化、产品异常复杂、不能找到有竞争力的供应商时，购买商将进行纵向一体化内部生产，等级治理模式因此而产生。这种治理模式产生的动机是产业链业务需要大量隐性知识的交换，同时需要控制企业的知识产权资源。等级式治理模式运行的核心就是管理控制，治理模式就是官僚管理，上级管理下级，或者是总部控制分支机构。

（二）按行业性质分类

按行业分类，产业链可具体分为农业产业链、林业产业链、畜牧业产业链、农工贸产业链、猪肉产业链、蔬菜产业链、中药产业链、化肥产业链、造纸产业链、煤炭产业链、机械制造产业链、汽车产业链、钢铁产业链、电信产业链、服装产业链、高新技术产业链、IT产业链、Internet产业链、教育产业链、体育产业链、旅游产业链、金融产业链、媒介产业链等。这种分类方法适用于开展行业产业链研究，制定行业产业链政策，考察不同行业之间的产业关联。

（三）按作用层次范围分类

产业链按作用的层次可分为宏观产业链、中观产业链、微观产业链。宏观产业链是指全球或全国范围内某行业产业链。中观产业链是指区域内部或区际之间的产业链。微观产业链是指区域内某个经济主体或行业的产业链。

按作用范围分类，产业链可分为全球产业链、全国产业链、区际产业链、区域产业链、园区产业链。

全球产业链是指站在全球视角考察产业链，产业链的龙头企业在一个国家，而节点企业分布在其他国家。跨国集团、大型中外合资企业或外贸出口型企业必须站在全球视角来研究产业链，并确定加入全球产业链的方式和拓展全球产业链的方向。区际产业链是指跨省（市）域的产业链。区域产业链是某区域内的产业链，这个区域既可以是一个省，也可以是一个市，园区产业链是特指一个产业园区的产业链。这种分类方法适用于宏观研究全球或区际、区城产业链。

（四）按关联结构分类

产业链按形成过程中企业与企业之间的关系可分为技术推动型、资源带动型、需求拉动型、综合联动型四种。

技术推动型产业链的特点：当上游企业向中游企业提供技术和设备时，其投入的技术、设备就由上游企业向中游企业转移，上游企业顺利地实现了产品价值，中游企业吸收上游企业的技术、设备，生产产品，并通过其产品向下游企业或消费者转移以实现产品价值。高新技术产业链、IT产业链等技术密集型龙头企业组成的产业链一般是技术推动型产业链。这种模式是预测未来的消费需求，投入资金研发新技术、新产品，产品生产出来后逐级推向消费者，消费者处于被动接受的地位，通常采取提高安全库存量的方法来应付需求变动，导致整个产业链上的库存量较高，对需求变动的响应能力较差，其发展后劲足，但发展导向不明确，风险较大。

资源带动型产业链的特点：中游企业对上游企业的资源依赖性强，上游资源型企业基本处于垄断地位，上游企业只有少数几家或一家，而中游企业有很多家，中游企业处于激烈竞争环境中。煤炭产业链、石油产业链等资源型企业组成的产业链一般是资源带动型产业链。在发展资源型产业链时，必须同时考虑资源枯竭时地域经济的转型问题，否则将带来严重的社会问题。

需求拉动型产业链的特点：以消费者需求为中心，强调对消费者的个性化服务，强调与消费者的交流和消费者的满意度。需求拉动型产业链，启动产业链流程的不再是制造商，而是最终用户消费者。整个产业链的集成度较高，信息交换迅速，发展导向明确，企业见效快，但缺乏发展后劲。

综合联动型产业链兼顾了技术推动型和需求拉动型的优点，同时具有发展后劲足、发展导向明确的优点。这种分类法适合在研究产业链形成过程或行业产业链时使用。

（五）按生态属性分类

按生态属性分类，产业链可分为生态产业链、非生态产业链。生态产业链一般是指依据生态学原理,以恢复和扩大自然资源存量为宗旨,以提高资源基本生产率和满足社会需要为主体,对两种以上产业的链接所进行的设计(或改造)并开创为一种新型的产业系统的系统创新活动。尹琦、肖正扬认为,生态产业链概念包含以下四个要素。

一是增大自然资源存量。增大自然资源存量是生态产业链设计与开发活动的宗旨,即所设计与开发的生态产业链的最高目标是在求得经济发展的同时,推动生态系统的恢复和良性循环,使生态圈产出更丰富的自然资源,不断提高和扩大自然生产力的水平与能力。

二是提高资源生产率。生态产业链系统是为提高生产率而设计的,但这一生产率要用"资源基本生产率"的概念来评价,从资源的原始投入对生态圈的作用算起,到产品退出使用、回到生态圈为止,全面和全过程地测度其生产率。由于在生产转换过程中,人力资源的劳动生产率问题已得到广泛的注意,因此,它更侧重于通过产业链的连接与转换过程的设计、开发和实施,使生态资源在原始投入和最终消费方面提高效率,进而从可持续发展的层面上,全面持久地提高生产率。

三是社会性长期需要。生态产业链应该具备社会性,即它建立的是以社会长期需要为主体的商业秩序与环境,它在生产、交换、流通和消费过程中所建立的秩序既要使商家及产业链上各方获取利润,又要与自然生态系统保持长期的友善与协调。

四是系统创新活动。生态产业链是一项系统创新工程,它要以技术创新为基础,以生态经济为约束,通过探讨各产业之间"链"的链接结构、运行模式、管理控制和制度创新等,找到产业链上生态经济形成的产业化机理和运行规律,并以此调整链上诸产业的"序"与"流",建立其"产业链层面"的生态经济系统;再以该系统为牵动,在相关产业内部,调整其"流"与"序",形成"产业层面"的生态经济系统;最终,生态产业链应该是这两个层面上系统的交集,它要通过链的设计、开发与实施,将技术创新、管理创新和制度创新有机地融为一体,开创一种新型的产业链系统。

生态产业链又可细分为生态农业产业链、生态工业产业链、生态旅游产业链等多种形式。生态产业链以外的产业链统称为非生态产业链。这种分类法适合研究各类生态产业链和循环经济链时使用。

（六）按核心企业地位分类

按产业链中核心企业地位分类，产业链可分为王国式产业链、共和式产业链、联邦式产业链。

王国式产业链：这类产业链表现为大量小企业围绕核心企业，按照产品生产上的增值环节，为核心企业进行配套生产，作为核心企业的供应商。这种产业链中的核心企业处于领导地位，在产业链发展中具有支配性，对配套小企业的生产与技术进步都有关键的影响。由于这种合作关系相对比较稳定与密切，所以在创新开发及扩散方面都比较容易进行，有利于整个产业链技术进步。

共和式产业链：这类产业链表现为大量中小企业集聚，企业之间地位平等，无核心企业，联系密切，长期分工合作使企业之间建立了相互信任与合作关系。

联邦式产业链：这类产业链表现为由垂直关系网络、水平关系网络和相关产业关系网络交互叠加而成的一种复杂的产业链体系。这类产业链是围绕两个或多个核心企业形成多条产业链网，产业链网内有众多的垂直关系网络和水平关系网络，两个或多个产业链网之间存在互为依存的关系，其他企业与核心企业之间形成像成品商和供应商之间的上下游投入产出关系。

联邦式产业链网络实际是王国式产业链和共和式产业链两种模式的综合，因此对区域经济的推动力最强。这种模式不仅要求产业内部进行分工合作，构成产业链关系网络，而且要求产业群之间进行有效的合作。

（七）按其他特点分类

按产业链核心企业名称分类，可分为一汽产业链、宝钢产业链、长虹产业链、联想产业链等。

按产业链业务流分类，可分为物流链、信息链、资金链、技术链、价值链、组织链、人才链。

按产业链涉及的内容分类，可分为供应链，采购—运输—储存—配送；销售链，总销——一级分销—二级分销……批发—零售；代理链，总代理—分代理—代理；生产链，零件—部件—总装链；管理链，总部—地区总部—生产基地等。

按产业链重要程度分类，可分为主流产业链、辅助产业链。主流产业链是按投入产出关系、生产过程形成的产业链。它有前向链和后向链之分，按产业方向，在节点产业之前的是前向链，之后则是后向链。辅助产业链是指节点产业在生产过程中与之配套、起辅助功能的经济活动部门，如钢铁生产的辅料生产、炉料、衬料供给部门。

　　按产业链伸展的范围分类，可将产业链分为外部产业链和内部产业链。外部产业链指的是产业链延伸的范围超出了节点产业本身的范围，如上游产业链和下游产业链。例如，煤化产业的上游链是煤炭采掘和煤炭精选，而下游链是化学纤维业，这些均超出了煤化业的产业范围。内部产业链指的是产业链以业务（某个工艺、某个生产阶段、某个经济活动）为节点向这一产业内的其他业务延伸所形成的产业链，延伸范围处于该产业内，如研发链、供应链、销售链、生产链、相近产品链、技术链等。这些链所涉及的业务共同特点是均处在节点业务所在产业范畴之内。

　　按产业链形状分类，可分为直线链、多层链、循环链、树形链、产业链网络。

　　按产业链链接方式分类，可分为真实产业链、虚拟产业链。

　　按产业链中原料的来源不同可分为动脉产业链和静脉产业链。在物流过程中，把使用一次原料（初始原料）生产的产品的物流量称为"动脉流"，把利用废弃物再生生成的二次原料的物流量称为静脉流，当动脉流与静脉流的流量相等时，则最终废弃物为零。固体废弃物资源化产业又称为"静脉产业"，就像人体通过静脉回收陈旧血液并再造新鲜血液一样，将废物转换为再生资源。静脉产业链就是将废弃物直接或经再生后作为原料生产加工，使之进入商品流通领域，循环利用。

第三节　　产业链的命名

　　根据不同的研究需要，产业链可从各个角度进行分类。视角不同，分类结果不同。产业链的不同类别之间是交互作用的，既有联系又有区别，每一种产业链都可以具有多重身份，不同种产业链可以具有同种身份，产业链分类具有复杂性、交叉性和多样性。因此，我们不能孤立地看某一分类标准，而应从相互关系中加以分析并在整体上进行把握。为便于广大领导、学者研究使用，有必要使产业链名称统一化、标准化。产业链可根据实际工作需要，采用下面四种命名方式中的一种。

一是地域名称＋龙头企业＋行业类别＋产业链性质＋产业链。例如，长春一汽集团汽车生态产业链研究。

二是地域名称＋龙头企业＋产业链性质＋行业类别＋产业链。例如，西北天马集团生态工业产业链研究。

这两种命名方式主要适用于研究某地域某龙头企业的某类产业链。如果研究的不是某个龙头企业而是某个区域，则这两种命名方式可简化为以下两种方式。不管哪种方式，产业链性质如果不是特指生态、循环等特殊性质，而是泛指，则可省略不写。

三是地域名称＋行业类别＋产业链性质＋产业链。例如，全球IT产业链发展趋势研究。

四是地域名称＋产业链性质＋行业类别＋产业链。例如，吉林省生态农业产业链形成机制研究。

如果从事理论研究，研究某行业某种性质的产业链，则地域名称也可省去不写。

以上我们对产业链内涵进行了深入剖析，并全面考察了产业链的不同表现形式，研究了产业链与供应链的区别与联系，提出了产业链的命名方法。这对各级领导深刻理解把握产业链概念、制定产业结构调整政策、制定区域经济发展规划具有重要的参考价值。一个地区企业之所以能有很好的成长性，很大程度上得益于这个地区相对完备的产业链。一个完备的产业链能够产生很大的吸附作用，吸引新的企业不断加入这个好的生态环境，寻求更大的商业利益。目前，各地区招商引资在外部环境上做足了功课，税收优惠的空间已经相当有限，产业链优劣逐渐上升为投资商首先关注的问题。这实际上意味着产业链状况正在成为决定一个地区投资环境和核心竞争力最重要的因素。

第二章　产业链的现代化发展

第一节　新进展、新挑战、新路径

一、产业链供应链现代化的新进展

在"十四五"期间，产业链现代化理念被提出，但中国政府层面探索产业链现代化的实践可追溯到"十一五"规划时期。"十一五"规划明确提出，通过数字技术、网络技术和智能技术，积极推动核心产业，尤其要注重集成电路、软件和新型元器件等产业，培育信息产业群，注重光电通信、无线通信、高性能网络设备等产业的发展，构建软件、微电子和光电子等现代产业基地，为电子产业链的形成提供大力支持，并通过大力开发信息产业技术，为各个领域的创新和发展提供支持，提升产业的综合竞争实力，这样产业链才能够在一定区域内得到有效延伸。"十二五"规划再次强调，大力研发电子信息行业，必须注重基础电子自主行业的发展，促使其向产业链高端进行延伸。在"十一五""十二五"时期，中国对产业链的规划仅限于电子信息产业，到"十三五"时期则突破了这个范围。"十三五"规划提出，为了大力支持全产业链的协同、创新，必须全面解决"四基"的相关问题，产业链、供应链的现代化发展，不仅拓展了产业链供应链问题所涉范围，更是将其上升到了战略层面。

我国专门的供应链现代化相关的政策文件于2017年发布并开始适应新技术革命的要求，为供应链的创新及发展提供了支持，具体体现在以下方面：在农村地区，应该重视第一、二、三产业的发展，针对这三个产业进行有效融合，确保制造的协同化、服务化、智能化发展，保障流通的现代化发展，推动供应链金融的稳定发展，全面落实绿色供应链，构建完善的全球供应链。具体实施上，选择了55个城市、269家企业进行试点。2021年3月，商务部门、工业部门和信息部门等单位联合发布了《关于开展全国供应链创新与应用示范创建工作的通知》，针对示范城市、示范企业提出了相应的任务要求，并对供应链发展提出了新目标，在供应链创新、构建应用示范基础上充分发挥出供应链优势，促使供应链效率和效益得到全面提升，提高供应链的安全性、稳定性，从而提升供应链治理的整体效能。2021年7月，商务部门、工业部门和信息化部门等单位公示了第一批供应链创新应用示范城市和企业。其中，第一批供应链创新应用示范城市以沿海地区城市为主，具体是北京、上海、张家港、杭州、宁波、厦门、青岛、武汉、广州、深圳；第一批供应链创新应用示范企业既包括传统行业的企业，又包括新兴行业的企业，如中国电力集团股份有限公司、中国石化国际事业有限公司、中国移动通信集团有限公司等。在我国现代化社会发展中，产业链供应链现代化具有重要作用，必须适应新时期中国现代化的新特点和新要求，具体应体现为：满足中国新发展阶段的实际要求，结合国际环境的不确定性进行分析，为新一轮技术改革、发展提供保障。另外，在产业链供应链现代化发展过程中，应该将创新能力作为重点，保障不同领域发展的安全性、公平性、可靠性、持续性和数字化。

（一）核心技术攻关布局持续展开，支撑产业链供应链现代化的创新能力提升

2015年国家发展和改革委员会出台《增强制造业核心竞争力三年行动计划（2015—2017年）》，推出了轨道交通装备、高端船舶和海洋工程装备、工业机器人、新能源（电动）汽车、现代农业机械、高端医疗器械和装备等六大重点领域关键技术产业化实施方案。在取得成效的基础上，国家发展和改革委员会又提出了《增强制造业核心竞争力三年行动计划（2018—2020年）》，对轨道交通装备、高端船舶和海洋工程装备、智能机器人、智能汽车、现代农业机械、高端医疗器械和药品、新材料、制造业智能化、重大技术装备九大重点领域组织实施关键技术产业化专项。针对5G和工业互联网，工业和信息化部专门出台了《"5G+工业互联网"512工程推进方案》，构建完善的工业生产环境、网络体系，针对新兴技术进行创新，具体体现在5G超级上行、高精度室内定位、高精度时间同步等方面，实现工业技术应用高实时、高可靠、高精度的预期目标。

在重大技术攻关上，新型举国体制稳步发挥作用，"卡脖子"问题受到重视，重大"卡脖子技术"攻关持续加强。国家科技重点研究计划实行"揭榜挂帅"制度。国家战略科技力量、国家重大科技基础建设取得进展，重大技术装备工程规划得到实施，中国特色的国家实验室体系、国家产业创新中心、国家技术创新中心建设稳步推进，基础研究受到前所未有的重视。根据《中华人民共和国国民经济和社会发展第十四个五年规划和2035年远景目标纲要》，中国将制定实施基础研究十年行动方案，重点布局一批基础学科研究中心，在总研发经费投入中，基础研究经费投入在8%以上。

（二）产业链供应链的数字化、绿色化加速转型

我国数字经济发展很快。据测算，"十三五"期间，中国数字经济年均增速超过16.6%。2020年软件业务收入达8.16万亿元，同比增长13.3%；规模以上电子信息制造业增加值同比增长7.7%，实现营业收入12.1万亿元。在发展数字经济的过程中，中国也高度重视推动企业的数字化转型和产业链供应链的数字化。2019年商务部开展了数字商务企业培育和遴选工作，引导企业加快数字化转型，加快数据赋能，引导市场主体向数字化、网络化、智能化发展。目前已公布108家数字商务企业名单。2020年国务院国有资产监督管理委员会开展国有企业数字化转型典型案例征集工作，共遴选出产品和服务创新、生产运营智能化、数字化营销服务、数字生态、新一代信息技术、工控安全、两化融合管理体系、综合等8类100个典型案例，其中优秀案例30个，典型案例70个，在推动国有企业数字化转型过程中发挥引领示范作用。2021年中国发布的《关于开展全国供应链创新与应用示范创建工作的通知》对示范企业明确提出要求，要加快物联网、大数据、边缘计算、区块链、5G、人工智能、增强现实/虚拟现实等供应链新技术集成应用，推进数字化供应链加速发展。当下，国家鼓励企业进行数字化转型，不少企业在数字化转型上成效卓著。中国的数字基础设施建设成效明显、数字经济规模位居世界前列，为产业链供应链数字化提供了宏观基础。2016年，工信部、国家标准化委员会发布了相关指南，在绿色制造标准体系中融入了绿色供应链的相关内容，并发布了《工业和信息化部办公厅关于开展绿色制造体系建设的通知》，要求在汽车、电子电器、通信、机械、大型成套装备等行业中，选出具有代表性、行业影响力大、经营实力强、管理水平高的企业，结合产品全生命周期理念，强化供应链中各个企业之间的合作，突出这些企业的引导作用，将绿色供应链管理战略落到实处，确保企业发展的持续性、稳定性；还需要将绿色伙伴式供应链管理工作作为重点，将绿色供应链管理战略融合到绿色工厂中，合理采购绿色产品、促进绿色生产工作的开展，构建完善的绿色回收体系，形成供应链绿色信息管理平台，加强上下游企业之间的合作，为绿色发展提供保障。2017年中国发布的《国务院办公厅关于积极推进供应链创新与应用的指导意见》明确倡导建设绿色供应链。同年，工业和信息化部开始公布绿色制造企业名单，包括绿色工厂、绿色产品、绿色园区和绿色供应链企业，迄今已公布5批。2021年3月商务部、工业和信息化部等8家单位联合发布《商务部等8单位关于印发〈全国供应链创新与应用示范创建工作规范〉的通知》，推动企业实现绿色化转型，重点公开企业环境、碳排放信息，引导企业选择绿色供应商、采购绿色产品，针对重点企业构建绿色供应链，大力推广应用绿色包装、宣传绿色消费理念、促进绿色消费，从而在政府的大力支持和倡导下，保障中国供应链的绿色发展。

（三）大中小企业融通发展格局建设初见成效

产业链供应链可区分市场型、模块型等多种形式，但无论其形式如何，都会存在大中小企业，都会存在大企业利用市场支配势力向中小企业"收租"的可能性。要实现参与产业链供应链各主体获得公平回报，促使大中小企业构建起良好的关系，关键是提升中小企业的能力。对此，中国已开展大量探索性工作。2018年9月，国务院发布《国务院关于推动创新创业高质量发展打造"双创"升级版的意见》，明确提出了搭建大中小企业融通发展平台。2018年11月，工业和信息化部、国家发展和改革委员会、财政部、国务院国有资产监督管理委员会印发《促进大中小企业融通发展三年行动计划》的通知，计划从五个方面推动大中小企业融通发展，大力发展以供应链协同为基础的融通模式，建设以创新能力为基础的共享融通模式、以数据驱动为基础的融通模式和以产业生态为基础的融通模式，保障大企业、中小企业生产要素的共享，促使大企业向中小企业开发更多的创新资源，为其提供更多的资金和人才，实施"互联网＋小微企业"计划，大力支持实体园区建设，以此促进中小企业融通的发展，构建中小企业公共服务示范平台、小微企业创新创业示范基地，为工业互联网平台建设提供支持。

自2018年印发《促进大中小企业融通发展三年行动计划》后，中国的大中小企业融通创新开始迈入新阶段。根据科技部火炬高技术产业发展开发中心编撰发布的《中国创业孵化发展报告2020》，至2019年年底，全国创业孵化载体数量达到13 206家，其中孵化器5 206家、众创空间8 000家。共有国家备案的创业孵化载体3 065家，国家备案的专业化众创空间73家。2020年中国公示的国家级科技企业孵化器134家，备案501家众创空间。2021年，中国发布《关于加快培育发展制造业优质企业的指导意见》，提出了加快培育发展专精特新"小巨人"企业、制造业单项冠军企业、产业链领航企业，构建优质企业梯度培育格局。继中国公布专精特新第一批248家、第二批656家之后，2021年中国第三批2 930家专精特新"小巨人"企业名单公布。与此同时，中国还实施了领航企业工程和单项冠军工程，推出了一批领航企业和单项冠军企业，优质企业梯队培育格局初步形成。

（四）多层次提升产业链供应链安全可靠性的体制机制初步形成

自2020年以来，面对新冠肺炎疫情的冲击，中国采取了很多措施，为产业链供应链发展的稳定性提供了大力支持。2018年7月31日，中共中央政治局会议首次提出"六稳"方针，稳就业、稳金融、稳外贸、稳外资、稳投资、稳预期。2020年4月17日，中共中央政治局召开的会议首次强调保居民就业、保基本民生、保市场主体、保粮食能源安全、保产业链供应链稳定、保基层运转。中央层面已经形成较为成熟的"稳"和"保"产业链供应链的机制。"稳"和"保"产业链供应链已成为中国宏观经济治理的重要组成部分。在地区层面，产业链供应链再造的机制正在各地形成。各地普遍建立了链长、链主制，产业链供应链现代化的政府与企业、企业与企业间的协同机制正在形成。很多省市推出了系统化地提升产业链供应链能级体系方案，其精准程度、可操作性大幅度提升。

二、产业链供应链现代化面临的新挑战

中国进入新发展阶段后，经济发展方式开始转为创新驱动，由此产业链供应链现代化动能得到了发展，但我国创新链在产业链供应链现代化发展中的作用未得到充分发挥。与此同时，受全球频发的极端事件、地缘政治因素的影响，近年来，全球产业链供应链发展格局进入转折期，出现"圈子化"现象，给产业链供应链带来了巨大不确定性，国家间、地区间产业链供应链发展冲突风险增加，直接影响着产业链工业链发展的安全性、稳定性，导致中国产业链供应链现代化面临着一些新挑战。

(一)产业链供应链和创新链发展不够平衡

在社会的长期发展中,生产要素低成本直接关系着中国制造业形成国际竞争优势,但受资源环境的约束,我国传统劳动密集型产业已无法满足现代社会发展需求,其成本优势日益弱化。与此同时,印度、马来西亚、越南等东南亚新兴经济体成本优势逐渐显现,加之其采取一系列产业扶助政策,尤其在价值链、低端环节方面给中国市场带来了很大的竞争压力,导致传统的制造业产业链供应链逐渐被替代。因此,中国必须培育产业链供应链竞争新优势加以应对,重点针对产业链布局创新链、创新链布局产业链的形式开展,实现产业链供应链现代化与创新链现代化的融通发展。

就国内国际双循环而言,创新链与产业链供应链的关系主要是协调型、滞后型、超前型,其中滞后型现象比较常见。我国创新密集型行业比较依赖国外创新链,部分领域高度依赖美国。例如,2018年,中国的航空器、航天器及其零件,光学影像、检测医疗等器械行业对美国的进口依赖度分别达到54.41%和26.33%,中国在半导体及相关产业上游和中下游对美国出口依赖度分别为14.90%和24.06%。

就国内循环而言,创新链发展不平衡现象较为严重。从城市群、都市圈尺度进行分析,高端创新要素不断倾斜于首位城市,如在京津冀,在"十三五"期间,北京地区的各项指标优势在不断扩大,具体体现在发明专利授权量、高新技术企业数量等方面,而河北地区、天津地区的部分指标出现了一定的下滑,尤其是天津地区属于中国先进制造研发重地,存在严重的研发人员流失问题。

创新要素在空间布局上的不平衡虽有其合理的一面,但创新要素过度向部分城市、地区倾斜会造成部分城市或地区创新链难以支撑其实现产业链供应链现代化任务,难以实现区域间产业链供应链协同发力的局面。为了实现产业链供应链现代化的目标,在产业链供应链的布局上既要考虑如何培育高质量发展第一梯队、全球先进制造业基地、新兴产业集群、新兴产业增长新引擎等重要增长极、关键节点,也要充分考虑使其带动其他协作区域、配套节点的产业链供应链现代化水平能力的提升,实现重要增长极、关键节点与协作区域、配套节点之间的融通发展;为了实现产业链供应链现代化目标,既要考虑超大城市、大城市的产业链供应链布局,也要考虑中小城市、农村地区的布局，实现超大城市、大城市、中小城市、农村地区产业链供应链的融通发展。

（二）美国供应链安全审查和发展模式的极端转换带来巨大的不稳定性和不确定性

美国特朗普总统上台后，把供应链重塑作为国家安全战略的核心基石。2017年7月21日，特朗普发布行政命令（EO）13806，要求对制造业和国防工业基础以及供应链韧性进行评估并提出应对策略。该行政命令将战略性支持充满活力的制造业发展、国防工业基础建设和富有韧性的供应链建设视为美国的优先事项。该行政命令对全球化持负面评价，认为全球化造成美国企业关闭、工人失业，造成美国制造业能力和国防工业基础被削弱，现代全球产业链的拉长化，阻碍了美国生产和购买美国国家安全所必需的产品、零部件。为了执行特朗普发布的13806号命令，美国国防部领导多个部门组成16个小组，对9个传统行业、7个新兴行业的供应链安全进行了评估，并于2018年10月发布《评估和强化制造与国防工业基础及供应链弹性》报告。报告把供应链风险分为十大方面，包括供应的多元化程度、供应商及市场的脆弱性、市场供应能力不足、制造能力下降以及原材料供给不足、对国外的依赖程度高、人力资本不足、基础设施老化、产品安全等。报告对16个行业进行评估后得出结论，这十大风险不同程度地渗透于所评估的行业，体现在300多项具体的风险中。报告还将这十大类风险归因于五大宏观因素，包括政府支出不确定性、美国制造能力的衰落、美国政府商业行为与采购造成的不利影响、竞争对手的产业政策、美国STEM及贸易人才培养能力下降。针对造成美国供应链风险的因素，报告提出了11条建议，包括实施针对性的产业政策、减少对政治不稳定国家作为供应源的依赖、推进供应链的分散化、与盟国及伙伴关系国加强合作、加强工业基础建设、加快人力资本培育、加快下一代技术的开发等。

拜登于2021年发布14017行政命令，进一步强化了特朗普时期开始推行的产业链供应链安全和韧性审查。该行政命令对重塑产业链供应链的重要性作出了新的表述，视重塑美国供应链为美国安全和发展的核心基石，把增强供应链韧性与重建美国制造能力、维持美国尖端研发上的竞争力、创造高报酬的工作机会挂钩；把增强供应链韧性与小企业发展、应对气候变化、鼓励经济落后地区发展挂钩。在该行政命令指引下，美国已完成半导体、大容量电池、关键矿产资源、医药等供应链的安全审查，提出了重建生产能力、扩大需求、加强与盟友之间合作等提升供应链安全的举措。美国政府发布的一系列有关供应链安全和韧性审查的报告，放大了美国供应链的安全风险，这一战略的底层逻辑是对抗性的而非竞争性的，目标不是促进全球产业链供应链畅通、形成各国内部的循环与国际循环相互促进的格局，而是要维持美国对全球的领导力，打造由美国支配的不对称小圈子循环，并通过这个不对称小圈子循环，形成由美国控制的中心边缘产业链供应链全球体系。

（三）国际产业链供应链治理体系无法适应新技术革命要求

信息技术的发展、交通运输成本的下降，数字技术和网络技术等生产力因素的变化，推动国际分工日益深化，产业链分工日益复杂，供应链超越国家边界，各国之间经济关系相互嵌套加深，对全球产业链供应链治理体系提出了新要求。但全球产业链供应链治理体系受地缘政治、冷战思维的影响并没有因全球产业分工的变化进行调整，使得全球共同应对产业链供应链中断风险的意愿不强、能力不足，导致产业链供应链的不稳定性、不确定性增加以及由此带来的损失增加。2020年8月麦肯锡全球研究院发布的《全球价值链的风险、韧性和再平衡》报告，基于13个行业、325家公司的研究后得出结论，公司受到自然灾害、地缘政治不确定性、网络攻击等冲击的频次和风险明显增加，平均每3.7年一次；冲击造成的损失巨大，很多公司平均每10年要损失一年的利润，每5至7年发生的供应链中断100天的极端事件，会抹去公司一年的收入。报告估计，受新冠肺炎疫情和地缘政治因素影响，16%~26%的全球贸易中期内会发生跨境转移，形式主要包括国内生产、近岸外包和生产基地的调整，目的是要增加供应链弹性。

企业增加供应链弹性是一个精密和复杂的设计问题，涉及不同的供应链关系之间的平衡、上下游企业的平衡、国内国外配置的平衡和效率与弹性之间的平衡，受合作伙伴信息交流的有限性、内部和外部资源有限性的约束，且有很强的外部性。供应链弹性设计的精密性和复杂性、外部性的特点，使得企业的供应链弹性调整短期内必然造成产业链供应链的不稳定，增加产业链供应链中断风险。

长期看，当前企业供应链调整趋势违背生产力发展的要求。就生产力的层面而言，现代技术革命的主要特征是数字化、网络化、智能化和绿色化。这四类特征将大大降低生产全球化的成本，在很大程度上推动着设计、生产和消费的模块化发展，推动知识和创新的分散化。在竞争日益激烈的背景下，企业要适应模块化、分散化的知识分布特征，就必须整合全球要素和创新资源。近年来，逆全球化、贸易保护主义等思潮等虽有所抬头，但无法阻止生产的全球化、社会化进一步深化的客观趋势。在这一客观趋势下，企业通过缩短供应链、实现区域化布局等方式实现安全与效率的平衡是无奈之举，非最优选择。在生产的全球化、社会化不断深化的客观趋势下，只有建立了合理的治理体系，企业才能真正实现安全与效率的平衡。

三、产业链供应链现代发展的新路径

在现代社会发展中，中国必须强化国内大循环为主体、国际国内循环互相推动的政策，促使产业链供应链现代化水平有序推进。通过分析国内国外双循环现状可知，产业链供应链现代化的新路径主要是国内大循环为主体、国际循环为主体，以及国内大循环为主体、国内国际双循环相互促进等。以国内大循环为主体、以国际循环为主体这两条路径，都有发展中国家走过。以国内大循环为主体、国内国际双循环相互促进这条路径，是中国在新的发展阶段提出的，其他发展中国家并没有走过，这是一条促进产业链供应链现代化发展的必经之路。为了提升产业链供应链现代化水平，必须落实国内大循环为主体、国内国际双循环相互促进的方式，充分发挥好、培育好中国的各种竞争优势。与传统发挥好、培育好竞争优势的政策不同，制定产业链供应链政策，并针对其性质采取针对性的政策措施。划分产业链、供应链，并识别产业链供应链的节点或链条，可以用不同的方法，一般而言，可分为基础环节、核心环节、配套环节。由此，一个国家的产业链供应链竞争优势可以分为基础竞争优势、核心竞争优势和配套竞争优势。基础竞争优势包括要素结构、需求规模方面的优势，核心竞争优势表现为对关键环节、关键链条的自主可控能力，配套竞争优势表现为对次要环节、配套链条的影响力及其对核心竞争优势的支撑能力。因此，在产业链供应链现代发展过程中，不仅要提高各个节点和链条的竞争力，还需要注重各节点与环节之间的配合，要有合理的治理体系做支撑。所以，相关部门必须积极应对产业链供应链发展过程中的新挑战，可从发挥和培育基础竞争优势、核心竞争优势和配套竞争优势层面系统地展开，同时通过治理体系的现代化将单一节点优势、单一链条优势转化为系统化的优势加以破解。

（一）提升核心竞争优势，推动产业链供应链与创新链的融通发展

产业链供应链的核心竞争优势体现为对关键环节、关键链条的控制力、影响力。在未来社会发展中，中国和美国之间的竞争具有宽领域、多环节等特点，具体体现在先进制造业、传统制造业、产业链高端环节和产业链其他环节中，不仅包括硬实力之间的竞争，还涉及设立软性壁垒和反软性壁垒之间的较量。美国政府部门对国际经济贸易规则的不公平性进行了批评，引导所有国家实行美国的经济发展模式，结合美国模式改革现代化规则，但是其本质是建立新的壁垒，以体制、机制、意识形态为基础的软性壁垒。美国实行不公平竞争战略的主要原因是美国在全球经济发展中具有很大的话语权，特别是其在很多产业链供应链的关键节点、关键链条上具有全球控制力。对此，中国只有通过强化产业链供应链与创新链的融通发展、加快提升核心竞争优势加以应对。

加快产业链供应链与创新链的融通发展，首先需提升中国创新链的竞争优势，提升中国创新链的安全可靠水平。2018年以来，美国先后对中兴、华为等科技龙头企业发动的精准打击充分体现了中国创新链上游受制于人的困境。在研发设计环节，中国95%的操作系统、90%的数据库管理软件、85%的中间件依赖进口，MATLAB、Python、AutoCAD、ArcGIS等关乎基础科学研究的工具软件技术大部分被国外垄断。2018年中国进口研究设计类仪器、装置及模型（HS代码9023）中美国占比高达21.22%，为中国首位进口国；大类产品的光学、计量、检验、医疗等精密仪器及设备等（HS代码90）自美国进口比重超过12.90%，数额超过132亿美元。美国拥有的研究设计仪器类龙头企业包含赛默飞世尔、丹纳赫、安捷伦、通用电气等，尚无一家中国企业进入该类行业前20强。因此，在我国经济、科技安全性发展过程中，必须将创新链安全作为关键内容，研究制定国家创新链安全总体战略；组织力量从全链条上摸清中国创新活动、中国大学及研究机构的科研活动对美国的依赖程度，以及面临的被"卡脖子"的风险，有针对性地加强关键技术、设备、软件攻关。

在新技术革命背景下，促进产业链供应链与创新链的融通发展必须把握好新经济的根本特点，要将构造终身学习型社会作为提升核心竞争优势的关键力量。以新技术革命为支撑的新经济有其特有的技术进步和创新的逻辑，在这种经济形态下，知识和学习能力比任何时候都显得更为重要，成为新优势形成的核心要素。在现代社会发展中，我国的重点问题是经济结构学习效应弱化问题，美国的重点问题是贸易保护主义背景下的学习和创新效应弱化问题，具体体现在以下方面：一是要稳定制造业比重，从根本上改善早熟型去工业化，保障服务业的创新。二是在满足战略性行业、领域共性技术需求的基础上，构建行业共性技术平台，促进战略性行业、新兴产业等关键技术的大力推广、应用。从核心价值模块进行分析，需要提高大型制造企业的研发投入力度，鼓励龙头企业在基础软件领域进行快速更新，从而保障底层技术、基础软件领域之间形成非对称竞争优势。三是深入分析创新链、产业链工业链现阶段的现象，大力发展多样性的科技中介服务机构，注重产学研之间的有效融合，促进高新技术、专业技术领域的中介服务机构发展，保证企业与企业、企业与大学、企业与科研所之间的知识、技术流动，构建以市场化应用为基础的科技成果和扩散制度。四是坚持双向开放战略，同时利用好发达国家和发展中国家的知识资源，提升知识创新与学习的比较优势。

（二）提升基础和配套竞争优势，推动国内产业链供应链与国际产业链供应链融通发展

要素结构、需求规模构成产业链供应链现代化的基础支撑。任何产业链供应链的现代化都离不开这两者，就像一个国家的经济增长离不开资本、劳动投入一样。要素结构从供给侧对产业链供应链现代化形成制约和推动，需求规模从需求侧对产业链供应链现代化形成制约和推动。

在提高要素结构优势上，中国既要重视传统要素潜能发挥，也要重视新型要素的培育及其对传统要素提质升级的作用。在现代技术革命发展中，我国已进入数字经济时代，也使产业发展的底层逻辑发生了变化，中国的产业链供应链现代化水平是在数字化、智能化、网络化、绿色化四大趋势的突破式技术创新下推动的现代化，其面临的要素配置模式、生产方式均在不断变化。中国应更多地依赖大数据、人工智能、云计算、区块链等新兴技术的推动，并依托新技术赋能土地、资本、劳动等传统要素，形成新的价值创造系统，以有效抵消中国传统生产要素成本增加的劣势。在这个方面，中国有着并跑、领跑优势。

我国人口数量比较多，市场需求规模巨大，具有成长性优势，在全球产业分工日益深化、持续一体化的发展中，制造业能够充分利用国际市场优势发展，但本土市场互动效应、市场规模优质效应、本土市场规模的终端需求效应都会为本土产业升级带来一定的积极影响。为了满足超大规模的市场需求，中国的生产率持续提高、产业体系日益完善、创新创业创造水平日益提高，世界级都市圈和城市群以及资源配置水平在不断提高。并且，新兴技术改革整体处于探索阶段，为我国利用国内市场、需求规模，构建具有特色的技术能力和技术路线提供了大力支持。例如，我国属于制造业大国，将成为未来工业互联网应用的主要市场，互联网应用的实际需求直接关系着国际工业互联网技术路线的发展。当前，中国仍应积极推动国内统一大市场的形成，能够实现牵引供给需求、供给创造需求的动态性、平衡性，在新发展格局形成中，充分发挥新经济形态的引领作用。

产业链供应链的核心环节、关键链条发展离不开配套节点、次级链条的支撑。中国已形成涵盖各类加工制造、装备制造的较完备的制造业体系，配套优势明显，但各类配套环节也面临转出的挑战。要把配套优势发挥好、巩固好，需积极推动产业链供应链跨区域融通协作，发挥好中国地区比较多样化的优势：首先，保障城市交接地区、城乡接合地区、周边县城区域等基础设施建设、产业配套设施建设、公共服务设施建设的日益完善，保证城市群、都市圈建设满足产业链供应链现代化实际需求，这样城市群和城市圈的产业链供应链水平才能够和乡村振兴进行有效融合；其次，确保中西部地区产业的有效衔接，我国中西部地区分布了很多具有特色产业链供应链的产业转移示范园，这有助于完善东中西产业链供应链梯次衔接格局；最后，在特殊类型地区全面推进双向产业转移协作工作，保障发达地区与其他区域产业链供应链现代化的有效融合。

（三）发挥理念优势，推动国内产业链供应链治理体系与国际产业链供应链治理体系融通发展

在建立全球产业链供应链治理体系上，美国主张划小圈子，建立一种不平等的全球治理体系。但产业链供应链是一种分工协作关系，其合理与否，往哪个方向、模式发展最终还是由生产力决定。美国的产业链供应链安全战略由于企图人为割断国家间的经济联系，不仅会在短期之内对全球产业链供应链稳定造成巨大冲击，不利于全球合作共同应对产业链供应链风险带来的挑战，也必将对美国的产业链供应链造成冲击。长期来看，由于其违背生产力发展要求，违背全球经济由于生产力的发展形成相互深度嵌套的客观事实，不能充分发挥各经济体的优势，即便短期内能取得进展，也很难持续，会受到生产力决定生产关系这个客观规律的冲击，最终走向破产。为了有效建设全球产业链供应链的治理体系，中国主张建立一种合作共赢的平等的治理体系。实现国内外产业链供应链治理体系融通发展符合经济发展的客观规律，以满足共商共建人类命运共同体的实际需求，因而具有理念上的优势。党的十八大报告提出了倡导人类命运共同体意识的理念。习近平总书记在很多场合深刻分析了人类命运共同体的概念、意义、行动方案，此后在联合国日内瓦总部发表了相关的演讲，重点是为了适应新时代的变化，有效应对全球挑战，中国提出"构建人类命运共同体，实现共赢共享"的方案，促使人类命运共同体理念得到了全球很多国家的认同并于联合国社会发展委员会第55届会议中首次写入联合国决议。因此，我国应该注重共商共建人类命运共同体理念的发展，积极参与综合治理工作，在这一理念的正确指导下完善全球产业链供应链治理体系。

要实现国内外产业链供应链治理体系融通发展，必须加快制度型开放，促进公平竞争，有效协调以产业链供应链现代化为基础的产业政策、竞争性政策的关系，在落实产业链供应链现代化产业政策的基础上，更加重视产业链供应链上下游之间的协同，更加重视关键节点、关键链条建设，更加重视风险防范和治理，因而面向产业链供应链现代化的产业政策相对特殊，为了将其落到实处，应该分析其对市场资源配置产生作用的机制带来的影响。为了避免此种可能性的发生，全面提升产业链供应链现代化水平，应该深入分析竞争性政策的基础作用，构建完善的公平竞争审查制度，结合中国产业规模、配套、部分领域先发等优势，引进更多外资，为新兴产业链的稳定性、公平性、透明性、可预期性提供保障。这样才能够实现市场主体准入和竞争的平等性，促使越来越多的外部高端企业融入中国产业链供应链现代化发展中。

第二节　产业链现代化的产业经济学分析

一、产业链现代化研究的意义

在过去西方国家的发展中,产业链还未得到产业经济学者的关注,不是产业经济学研究的重点问题,但在产业研究中经常用到这一概念。从投入产出经济角度进行分析,产业链具体是在国民经济发展过程中,不同产业部门之间的技术经济联系,这种联系和机械系统的链条耦合关系十分相似,相关学者将其称为"产业链"。一般而言,一条产业链在产品、服务生产全过程中都具有重要作用,涉及原材料生产、技术研发、产品设计、产品制造、终端产品装配、流通、消费和回收循环各个环节。因此,我们应从多个角度有效分析和观察产业链,如从用户创造价值角度进行分析,应该明确创造价值的最大环节、价值分配过程中的主要受益者;从产业创新的角度进行分析,应该明确技术来源和分布结构、创新点、获取竞争力的方式等;从参与产业运行的市场主体角度进行分析,应该明确各个产业发展中的企业关系结构;从地理分布角度进行分析,应该明确相关产业的空间链;为了满足产业开放性要求,应该观察国内价值链、全球价值链、全球创新链等。

在我国经济发展、转型升级过程中,产业链现代化突出了大国经济在国际分工、产业竞争中的选择,在很大程度上满足了建设现代产业体系的实际要求,其内涵赋予了产业链水平现代化含义,相关标准应从不同维度进行分析。首先,从研发、技术创新能力角度进行分析,产业链现代化在技术创新满足现代世界先进水平的基础上,关键的核心技术应该自主可控,不会过度依赖对外技术。为了全面落实产业链现代化,必须从根本上解决核心技术、龙头产品缺乏的现象,避免在产业链关键过程中出现"卡脖子"的问题,确保产业发展的安全性、自主性,更好地应对全球产业链的挑战,从而构建新的竞争优势。其次,从企业链角度进行分析,产业链现代化具体是对其供应关系、结构结合市场信号做出灵活、高效的反应,在遇到外部风险的情况下能够进行有效调整和应变。并且产业链现代化必须确保各个参与企业的深度分工、高度协同,提高产业配套水平,保证产业链之间的融合、创新。为了全面推动产业链现代化发展,必须确保产业链的高度韧性,提高产业融合创新的整体水平。再次,从创造价值能力方面进行分析,产业链现代化不仅要求国家支柱产业整体向全球价值链中高端发展，还要求其龙头企业具备治理价值链的能力，而且是提高其附加值增值率，使其处于 GVC 的"链主"位置，在全球范围内自主配置各项资源、要素和网络，提高其市场控制能力和整合能力，从而提高国际综合竞争实力。最后，从现代产业体系要素协同性方面进行分析，产业链现代化具体体现在产业经济、科技创新、现代金融、人力资源等方面，这些要素之间应实现协调、协同和协作，实现产业、技术、资金和人才之间的衔接，为产业链现代化提供基础保障。在高质量发展过程中，还应该确保产业发展和环境要素之间的协调，以满足可持续发展要求。除此之外，还可以从内容方面界定产业链现代化内涵，其本质是产业基础能力、运行模式、产业链控制力和治理能力等全面提升的现代化过程。因而为了实现产业链现代化发展，应该确保基础产业高级化、保证上下游企业技术经济的有效衔接、提高区域产业的协同性，以此完善现代产业体系，提高供给质量。

目前，在我国产业经济学研究中，产业链问题是重点研究领域，在过去社会发展中欧美国家研究的产业经济学重点是同一产业中各个企业之间的竞争关系和垄断关系的相关问题，主要目标是发挥竞争政策、反垄断政策的作用。通过分析微观经济学发现，标准化的企业中没有具体企业，产业经济学有具体垄断企业和竞争企业，但现代产业经济学未针对产业链进行专业分析，而以日本为代表的产业经济学不仅沿袭了西方反垄断产业组织理论的传统，还需要结合政府部门制定的产业政策要求，根据国情、实施赶超战略的实际需求，加强对产业机构、产业关联等实际问题的分析，并且其中的产业链概念还不完善。从产品和劳务最终使用角度针对产业链进行全面观察和分析，以满足产业经济学深入"微观—微观"分析领域的实际要求，充分发挥出产业链研究的实践价值和作用。简单来说，结合最终产品分析其产业链，既能够改善产业结构、投入产出等宏观性问题，还可以强化产业微观之间的关联观察。在大国经济循环、全球化背景下，产业链分析改善了企业微观分析的局限性问题，逐渐进入产品领域和工序领域，有助于加强市场运行过程中不同主体之间的联系。产业链分析具有可操作性的实际价值，在商业实战过程中既能够发现最终产品生产过程中的核心技术、关键内容，又能够发现为用户创造价值的最大环节、垄断优势，以此明确投资价值最大的企业。在地方政府部门管理过程中，产业链研究在推进产业集群建设过程中发挥着重要作用，如在政府部门有意识打造的产业集群中培育产业链，在集群中头部企业进行整合和竞争，促使产业集群的抗风险能力得到有效提升，以此明确科学性、合理性的反垄断标准，提高科技水平。在现代社会的发展中，过去结合产品原则、地域原则制定的反垄断标准已经失效，逐渐发展成动态反垄断标准原则。具体而言，在产业链竞争过程中，如纵向产业链竞争、横向产业链竞争、产业链与产业链之间的竞争逐渐发展成现代市场运行主导形式，反垄断标准能够在遵循产业链原则、跨越国家边界的条件下突破市场的局限性，不仅注重全球市场的潜在进入者、替代品的动态竞争标准，而且满足我国上下游企业之间的纵向排斥关系，这样巨型纵向一体化企业在市场中就能够处于垄断状态。除此之外，产业经济学学科能够满足市场经济发展需求，现阶段应对以反垄断为主的产业经济学理论知识进行更新，补充最终产品产业链分析的相关内容，严格按照新型产业链现代化理论重写产业经济学。在现代化国民经济发展过程中，产业具有基础作用，为了促进产业链现代化的全面落实，必须推动经济的快速发展。

二、产业关联、产业组织和产业结构的突破

我国传统的快速工业化模式呈现出压缩式特点，过去的制造业规模已位居世界首位，产业体系日益完善，呈现出门类齐全、体系完善、规模巨大的特点，共有41个工业大类、191个工业种类、525个工业小类，现已成为唯一具备联合国产业分类中全部工业门类的国家，能够生产出任何工业产品，如服装鞋帽、矿产原料等，这在很大程度上提升了中国经济的综合竞争实力。另外，我国有些领域逐渐实现了关键技术、设备的国产化替代，在开放过程中针对价值链进行了拓展和延伸，从而提升了产业基础能力和产业链现代化水平。但是，压缩式的快速工业化模式重点是量的扩张和有无问题，很难从根本上解决质的问题，我国还未真正形成满足高质量发展要求的现代化产业链，产业附加值相对较低，我国在全球价值链中的增值能力还需要不断提升。从整体角度进行分析，为了打好产业链现代化攻坚战，必须有效解决产业关联、产业组织和产业结构等问题。

（一）在产业链上培育更多的"隐形冠军"

在中美贸易摩擦中，美国利用基础投入品优势，如核心技术、关键部件

和特殊材料，在关键时期对中国高科技产业进行断供，严重威胁着中国产业的安全性。通过这一问题，我们认识到中国基础产业发展水平与世界存在很大差距，培育产业链"隐形冠军"是十分重要的。在国家基础产业发展过程中，产业链上的"隐形冠军"具有重要作用，产业基础能力和水平直接关系着国家产业加工装配制造水平，决定着产业基础的高度。在基础零部件、关键材料、工业软件和检验检测平台等领域发展中，都存在一些很难攻克的问题。由于长时间依赖国外技术进行解决，产业链现代化任务很难在有效时间内完成。为了提高产业基础的综合能力，产业链上必须造就一系列"隐形冠军"，这就需要相关部门在国家现代化规划顶层设计过程中积极实施产业基础再造工程。

首先，政府部门应给予支持。为了有效培育产业链中的"隐形冠军"，政府部门应该结合上下游企业，强化产业协同、技术合作，在实践过程中必须结合产业升级的实际情况，选择产业集群中的龙头企业，并鼓励龙头企业以纵向合并方式，加强和大专院校、科研院所之间的联系，在知识基础密集的基础领域和重要阶段投入更多资源和要素，不断提升技术水平，向产业链进行延伸，掌握产业链中难以替代的核心技术和秘诀。在这一过程中我们可以借鉴日本的经验，日本基础工业水平相对较高，获得诺贝尔科学奖的科学家普遍来源于企业，这就说明日本企业基础科学研究处于领先地位。为了有效提升我国的基础产业综合能力，政府部门应给予企业更多帮助，促使企业构建良好的环境和氛围，提升企业的基础产业技术研究水平。因此，中国企业必须全面掌握产业核心技术、关键部件和特殊材料的发展主动权，从而有效完善现代产业体系。其次，注重"专精特新"中小企业的培育。为了培育产业链中的"隐形冠军"，必须注重中小企业的培养，很多大企业，尤其是综合实力相对较强的国有大企业适合发展连续性强、资金投入量大的累积性创新产业，充分发挥出中小企业的首创精神。现阶段，我国产业链中的相关产业仍处于初级发展阶段，如精密机床、半导体加工设备、飞机发动机、高铁螺丝钉、电子芯片和微电子导电金球等。为了应对跨国公司对高技术、关键部位、关键材料的垄断问题，我国相关部门应结合产业特点、产业性质等内容，引导不同企业进行持续的研发、创新。最后，充分发挥企业家精神和工匠精神。在培育产业链"隐形冠军"的过程中，企业家精神和工匠精神是相关人员必不可少的，工艺流程和产品质量要在维持现代秩序的基础上进行创新，相关人员必须加强对工匠精神的学习，如精益求精、刻苦工作、用户为上等精神，同时，企业不仅要通过学习工匠精神形成容忍失败、鼓励创新的文化，还需要积极学习美国毁灭性破坏的企业家精神，这种创新较多地出现于技术和市场变化迅猛的新兴产业的初创期，主要体现为新产品涌现和技术范式的彻底变化。

（二）在 GVC 上游培育更多"链主"

在产业链现代化发展过程中，"隐形冠军"培育是其中的关键问题，为了从根本上提升产业控制能力，还需要在 GVC 中培育更多"链主"，构建完善的治理结构。目前，产业控制能力形式具体体现在全产业链、关键环节、标准和核心技术方面，但最终产业控制力是由参与者对 GVC 治理体系和结构的把控而决定的。GVC 关键增值环节的标准规则、智能制造、个性化集成都需要 GVC 中的话语权作为支持，治理结构重点是组织结构、权力分配、价值链的经济主体之间的协调性。关于各种治理的规则制定、执行、监督和奖惩，甚至各环节的利益分配和协调都是由 GVC 中的"链主"，即掌握市场或技术等资源的大买家或者技术主导者决定的。因此，从产业竞争和组织策略看，在 GVC 上培育更多的、具有主导性地位的"链主"就显得尤其重要。

通常情况下，GVC 的"链主"是跨国公司，主要原因是跨国公司具有市场优势和技术优势。其中，市场优势能够形成市场需求的驱动型 GVC，过去市场发展中的品牌、设计、需求、营销和网络具有很多优势，逐渐向世界各地的生产商发出采购订单，如零售超市、电子商务中都存在超级的"链主"；技术优势能够形成核心技术需求的驱动型 GVC，通过发挥设计、研发、技术标准等优势，能够组织供应网络中的企业群体进行生产，如生物医药、集成电路和机械制造等产业具有资本技术密集型特点，都存在很多技术驱动的 GVC 链主。总体而言，这些"链主"可以在市场需求订单、技术诀窍供给等方面为 GVC 中的企业制定、执行和监督规则提供支持，从而获取更多效益。首先，为了提升产业控制水平，需要结合产业性质，构建、培育治理能力强的跨国公司，但很多跨国公司在国际竞争中的治理能力和地位相对薄弱，缺乏以技术为基础的 GVC 链主。在社会发展中，为了培育竞争实力强的世界一流产业，需要从产品组织关系出发，在产业链中培育具有链主地位的控制企业。其次，结合国家超大规模市场优势，构建市场驱动型 GVC，将世界范围内的供应商融入主导分工网络中。一方面利用电子信息网络技术支持零售企业，引导大型商业巨头发展垄断竞争格局，不仅要确保其具备市场势力，还要确保各个企业之间形成竞争；另一方面鼓励中国企业由"制造—零售"产业链向纵向一体化投资活动发展，鼓励制造企业收购国际品牌、网络、广告和营销系统，突出价值链中的链主效应。最后，为了提升产业控制水平，应结合我国制度优势，从微观角度进行分析，在"卡脖子"领域适当集中资源、要素，可以结合中国芯片软肋，将过去分散在政府部门的扶持资金，通过行政方式进行有效集中，以市场化方式吸引更多资金，构建市场化运行的国家集成电路基金，集中投资有前途的芯片突破项目；从宏观角度分析，应集中构建营商环境，建设满足人类居住需求的宜居城市，吸引更多跨国企业、高级人才技术和资本，为中国发展创新驱动型经济提供更多服务。

（三）要素协同发展

为了确保产业结构的高度化、合理性，必须注重各要素的协同发展，确保各要素之间的高度协调，如产业经济、科技创新、现代金融、人力资源，确保产业链、技术链、资金链和人才链等。但我国科技研究水平和世界先进水平仍存有很大差距，我国产业水平也需要进一步提升，造成这一现象的主要原因是：首先，科研指向不满足产业经济要求，两者都陷入非良性的自我循环中；其次，科技市场中介、科技服务业仍需要不断优化，两者之间的沟通不够密切、信息沟通不到位；再次，资本市场无法充分发挥出激励、支撑科技创新的作用；最后，科研成果转化制度仍需完善，在知识产权保护方面、科学家从事成果转化工作方面仍需要投入更多精力，科技成果无法融入产业经济领域逐渐发展成我国经济中的重点问题之一，科学家和企业家必须构建沟通渠道，保障科研活动的产业化，并引导更多有实力的企业融入产业化科研院所中。因此，要为产业经济发展提供更多优质服务，科研活动必须严格按照市场要求进行，但并非所有科研活动都能够实现产业化创新，具体分成两个阶段：首先，将经济转变成知识，这是科学家开展科技创新活动的关键；其次，将知识转变成经济，这是企业家需要完成的产业创新活动，两者必须明确自身的职责，不能混淆。其中，第一阶段重点是确保科研的原创性、独特性；第二阶段重点是确保科技成果在市场中得到有效应用。两个阶段的协同发展需要协调企业家、科学家的行为目标、行为方式,正确地将科学技术转变成资金,将烧钱过程、挣钱过程进行融合,保障这一过程的闭合发展、有效循环。

为了保障现代金融为产业经济提供优质服务,现阶段重点是解决金融发展脱离产业经济要求的问题,我国制造业呈现出空洞化趋势,具体体现是实体经济不实、虚拟经济太虚,资金在金融体系内部运转很难满足实体经济要求,实体经济自身出现产能过剩、杠杆抬高、生产效率需要提升等问题,很难创造出投资者满意的回报率,直接影响着资源的充足发展。在经济运行过程中,造成脱实向虚现象的原因与中国经济运行过程中的资产荒现象息息相关,其主要表现是居民巨大的理财需求与有限资产供应之间的矛盾,我们仍需进一步提高资产价格。另外,金融发展很难满足居民日益增长的理财需求,这是我国房地产领域货币流入过程、泡沫积累的关键原因。为了确保产业经济和现代金融的平衡发展,我们应该大力发展现代金融,为社会提供更多可供理财的优质资产。在人力资源、产业经济错配问题中,很多优秀人才很少到实体经济领域参与就业,从国家战略方面进行分析,年轻人不喜欢参与就业的领域很难得到有效发展。为了有效解决人力资源和实体经济错配的问题,必须从根本上提升实体经济的综合能力,吸引更多年轻人积极参与就业并为他们提供更多优质的物质条件。在我国制造业发展中,技术、工人是其中的关键因素,具有重要作用,必须提高制造业技术人员的待遇,全面落实首席技工制度,鼓励技术人员持有企业股份,与企业共同成长、发展。这就需要不断提高职业技术教育的社会地位、经济地位。

三、产业链现代化的协调机制与相关制度

为了全面推进产业链现代化,必须将企业、企业家作为主体,出台相关的政策作为保障,将政府引导制度、市场制度融合起来,坚持独立自主、开放合作理念,促进产业链现代化发展。要想有效贯彻、实现相关原则和要求,需要结合经济政策的取向、组合,保障产业政策和竞争政策之间的协调。在市场调节工作中,竞争政策和产业政策具有重要作用。产业政策重点是政府部门在产业链现代化进程中需要做的工作,主要反映了政府部门在产业链现

代化中的作为和有为，竞争政策重点是市场主体在推动企业产业链现代化进程中不应该做的工作，主要反映了各市场主体的活动空间。但是，政府部门具有特殊地位、经济强制性比较强，政府部门需要做的工作和市场经济中不应该做的工作会产生矛盾，甚至带来很大冲突，比如政府部门对产业保护、对企业投资和补贴都无法满足公平竞争的要求，这就导致市场信号被扭转、竞争效率很难在短时间内得到提升，阻碍了高技术产业、重点中小高技术产业的发展。为了有效协调产业政策、竞争政策的关系，需要严格按照经济改革总体框架，充分发挥市场在资源配置过程中的决定作用。与此同时，还需要发挥出政府部门的作用，确保竞争政策的基础地位，调整其他相关政策，创造公平竞争的制度环境。

推进产业链现代化发展必须突出竞争政策的基础地位，主要原因是提倡竞争、保护竞争才能够选择出行业发展中的高效率企业，为产业技术发展、产业结构升级提供保障，再加上以竞争政策为主导调整相关政策的原则，我们应该保障竞争政策、产业政策的协调发展，以此作为制度保障，开展竞争政策为主导的市场活动和产业活动，突出各项活动的营利性，为产业链现代化发展提供指导。首先，从数量角度进行分析，应该不断减少产业政策种类和数量，拓展竞争政策的适用面和覆盖面。在经济制度发展过程中，产业政策是政府政策工具中的新型政策，但其发展速度比较快、种类很多，实施力度较大，这是其他政策很难企及的。尤其在放权让利改革方面，地方政府部门是产业政策的实施主体，为区域经济增长、产业发展提供了很多动力，但助长了分散竞争体制中针对统一市场的分割，呈现出行政区经济特点，从而直接影响着规模经济和范围经济的充分发挥，影响着各个产业链之间的密切联系，并对产业集群发展造成了阻碍。未来要形成统一、开放、竞争、有序的全国大市场，就需要通过扩大市场容量和规模去促进产业分工、增强产业联系和加快技术进步，清理和限制地方政府以各类名义出台的产业政策，给竞争政策的实施留下较大的空间，让其有更宽的适用面和覆盖面。其次，从功能角度进行分析，应将选择性、倾斜性产业政策转变成平等性产业政策。过去的产业政策功能具体是实施非均衡发展战略，重点是向快速增长的企业进行倾斜，改善资源匮乏、生产效率低、人民群众贫困等问题。目前，我国逐渐向高质量阶段发展，过去的非均衡发展战略发生了很大变化，传统产业政策的基本功能也应该不断改变。现阶段，我国社会矛盾具体体现在不均衡、不平衡方面，在经济发展过程中出现了重大结构性失衡的现象，导致经济循环不够畅通、资源配置不合理、市场效率有待提高。这一问题的主要原因是非均衡发展的产业政策长时间存在，如以挑选"输家"和"赢家"为基本特点的产业政策及其偏向性客观上造成了进入条件的重大差异，扭曲了利益信号和竞争环境。转向平等性取向的产业政策功能就是要实现按产业平等，产业内无论什么所有制企业，不管它的企业规模大小、位于什么地区，都必须采取统一的政策。这样，就在产业内去除了政策造成的不均等，留下的是效率因素的竞争。这样就可以把产业内最优秀的企业甄别出来。再次，从结构角度进行分析，应该突出替代性产业政策的主导地位，并逐渐向补充性产业政策的主导地位进行转变。传统产业政策对产业链的支持主要是政府部门对市场机制作用的替代，如很多政策严格遵循扶优的原则，大力支持产业发展中的优势企业，在优势企业成长、发展过程中突出去主导地位，以获取更多的业绩和税收回报。但是在市场竞争日益激烈的背景下，市场制度会促使其形成积累性报酬，在市场运行过程中还需要困难企业职工的支持，政府部门需要结合企业职工的公共职能，优化产业发展的外部环境，从根本上解决产业发展重点、突出矛盾，为产业链中的企业降低负外部性。因此，为了大力支持产业链现代化发展，需要出台更多的产业政策，由代替、扭曲市场功能的传统产业政策转变成纠正市场失灵的产业政策。例如，在知识经济时代，产业政策需要重点推动产业链的知识溢出，在发展理念的指导下，强化企业的社会责任、社会性规制，充分发挥出其在控制环境影响、减少资源和能源浪费以及提高生产安全性方面的重要作用。最后，从关系角度进行分析，应出台相关的竞争政策，针对产业政策效果、竞争性市场进行审查和评估。通常情况下，竞争政策具有一定的辅助性作用，而产业政策发挥着主体作用。但在产业链现代化推动过程中，企业和企业家不是其中的主角，无法在创新中占据主导地位，这就要落实进口替代战略，以实现创新的基本目标。因此，为了推动产业链现代化发展，必须明确竞争政策的基础地位，为其他经济政策进行引导。过去的和新出台的产业政策都应在反垄断当局、机构进行预先审查和评估，然后才能够公布到社会上。这种竞争性审查制度和评估制度，可在事前减少产业政策的盲目性，在实施过程中发挥纠偏作用。

  为了有效促进产业链现代化，夯实产业基础能力，必须结合产业政策、竞争政策协调原则，对所有制企业中的产业链分布关系进行有效处理。在改革开放过程中，我国国有企业、民营企业形成的产业链的格局具有特殊性，很多大型、超大型国有企业普遍处于产业链上游，在基础产业、重型制造业中发挥着重要作用，而民营企业不断提供制造业产品，尤其是最终消费品，这一格局不仅是进入壁垒历史格局的自然演化，也是在竞争过程中高度互补、互相合作、支持关系的体现，因此，我们应结合现代产业链理念，深入分析所有制结构之间的互存、依赖关系，加深对中国特色社会主义经济制度的理解。其内涵可以从四个角度分析。首先，从产业角度进行分析，目前我国国有企业属于国民经济的基础产业，具有投资规模大、回报时间长、资金密集等特点，在经济发展中发挥着重要作用。但民营企业分布在很多产业中，具有资源加工型、劳动密集型特点。民营企业的价值链和国有企业未处于同一层面竞争中，但上下游环节存在挤压关系。其次，从产业关联角度进行分析，应明确国有企业、民营企业的依存关系，任何情况都会对国民经济的稳定性带来不利影响，必须全面贯彻、落实"两个毫不动摇"的方针政策。再次，从资源加工角度进行分析，应该明确国有企业到民营企业的产业迂回化发展趋势、发展倾向，无论在产业链上游还是下游都无法说明其超经济强制能力，其本质是自然和历史形成的产业分工。过去，民营企业的规模相对较小、人力资源投入不足、经济实力相对薄弱，广泛分布在劳动密集的加工产业中。现阶段，在资源复杂加工、制造过程中，民营企业充分体现了越来越多、越密集的技术、知识和人力资源、资金的投入，充分体现了其高附加值，突出了经济发展的持续深化。在迂回化发展过程中，产业链处于不断拉长的进程，附加值不断提高，不断走向"高加工度化"。最后，从满足需求角度进行分析，国有企业处于基础产业阶段，与民营企业存在一定的差距，具体体现在消费者和消费市场等方面，它无法及时针对市场做出一定的变化和反应，这就说明国有企业不适合分布在竞争激烈的最终消费领域，这就需要结合现代产业链理念，正确认识所有制结构的互存性、依赖性，但国有企业和民营企业在产业链中的位置和分布是不会变化的，或者是井水不犯河水的关系。反之，在市场竞争日益激烈的背景下，国有企业和民营企业能够形成动态的进出格局、互助关系。例如在国有企业经营不合理的情况下，民营外资会进入接管，反之，近年来在防止金融风险的过程中，很多民营企业负债比较高、扩张速度快，逐渐偏离业主，呈现出流动性特点，在遇到危机、重大困难的情况，国有企业和国有银行会进行帮助、重组，帮助民营企业渡过难关。这充分体现了国有企业和民营企业的开放性特点，两者是相互依存、相互合作的，在产业链现代化发展中都发挥着十分重要的作用。

在我国产业链现代化发展中，需要不同所有制企业上下游产业的协同、技术合作，这样才能够提高产业链韧性和综合水平，以适应现代化社会发展。因此，相关部门应该给予下游民营企业更多支持，鼓励这些企业纵向进入国有科研院所，确保科技创新、产业创新的协同性有效衔接。为了满足产业链现代化发展需求，还需要构建共性技术平台，从根本上解决跨行业、跨领域的共性技术问题，充分体现出政府部门的意志，促进国有企业有所作为。在现代社会发展中，我国出台了很多相关的改革新举措，如推动国有企业在资本市场进行混合所有制改革，支持行业龙头民营企业进行产业兼并重组等。这些举措从现代产业链的理念来看，本质上就是要通过横向、纵向或者混合型产业链调整、组合和一体化，让处于产业链环节中的某个主导企业进行股权调整和安排，以此优化相关企业关系，使其协同行动，提高整个产业链的运作效能，提升企业的竞争优势。

第三节　产业链发展与重构

一、新冠肺炎疫情前全球产业链的发展趋势

在现代社会的发展中，市场、技术、成本和政府部门都发挥着重要作用，全球产业链在新冠肺炎疫情前的发展趋势体现在以下方面。

（一）劳动密集型产业向人力成本低的区域进行转移

成本变化情况对劳动密集型产业影响很大，但对技术、设备、产业配套和基础设施的要求相对较低，在社会经济发展中逐渐由高收入国家转移到低收入国家，转移内容也发生了很大变化，由纺织服装等行业向电子技术、化学、运输设备和机械设备等行业逐渐进行转移，逐渐分离并分包到劳动密集型生产环节。例如，在纺织服装业发展过程中，这一产业由工业革命开始经历了三个阶段，具体是从英国向美国（20世纪上半叶），从美国向日本（20

世纪 50 年代），从日本向"亚洲四小龙"（20 世纪 60—70 年代），从"亚洲四小龙"向"亚洲四小虎"和中国（20 世纪 80—90 年代），从中国向其他东南亚、南亚和非洲国家（2008 年至今）的五次转移。

推动我国融入全球分工体系过程中，劳动力资源发挥着重要作用。中国早期参与全球产业链分工过程，加工贸易是主要途径之一。其主要是将跨国公司中的现代化生产技术、管理经验和当地的劳动力资源、自然资源等优势进行融合，从而达到双赢的目标。1990 年，中国 15~64 岁年龄段人口占全球劳动总人口的 23.3%，丰富的劳动力和土地等资源为发展加工贸易提供了坚实基础。1995—2007 年，加工贸易在中国进出口总额中占比超过 45%，高于一般贸易。劳动密集型产业和加工贸易带动了中国的经济增长，也为资本和技术密集型产业的发展积蓄了力量。同时，随着中国的融入，全球产业链实现了由"亚太—欧非"的两极模式向北美、欧洲和亚洲"三足鼎立"格局的有效转变。在现代化社会发展中，我国人力成本越来越高，促使劳动密集型产业逐渐转移到低成本的东南亚、南亚和非洲等地区。据统计，2014 年上海普通工人的月基本工资是东南亚、南亚国家等地区城市的 1.15~6.97 倍，是部分非洲国家的 10 倍以上。例如，在纺织服装业发展过程中，虽然我国是这一行业最终消费品、中间投入品的主要出口国，但该行业的生产逐渐向东南亚、南亚和非洲进行转移。2007—2018 年，其他东南亚和南亚国家服装业出口占全球比重从 9.7% 上升至 13.5%，增速明显提升并可能进一步加速。

（二）技术直接关系着产业链的发展

在产业链发展过程中，现代技术呈现出标准化、模块化、数字化特点，促使复杂技术的可扩散程度不断提高，为我国经济体更好地融入全球化带来了很大机遇，有助于构建完善的全球分工体系，同时标准化、模块化和数字化技术发展促使生产所需的研发、补充技能等因素有所降低。尤其是在数字技术发展过程中，发展中国家、中小企业融入全球价值链的速度越来越快，促使信息传递、跨境交易成本有所降低，为中间品、服务和技术的可获得性提供了支持。从宏观视角看，近 20 年来，发达国家经济体和新兴经济体之间的贸易往来日益增强，具体体现在欧洲、北美洲和亚洲等地区的产业链贸易往来。从微观视角看，来自发展中国家的企业在跨国公司的供应商中愈发重要。以苹果公司为例，其前 200 大供应商有 40 家来自中国，2019 年全球

807家工厂中47.5%在中国内地。同时，在新兴技术发展过程中，传统工业生产方式发生了一定变化，为经济发展增加了技术壁垒，技能偏向型技术发展，逐渐降低了对中低技能劳动力的需求，影响了发展中国家的优势，这在传统劳动密集型产业方面体现尤为明显。另外，在制造过程中，有些企业通过使用工业机器人，逐渐使得生产活动外包到其他国家的概率有所下降。通过分析行业发展形势发现，电子行业和汽车产品行业的自动化水平相对较高，但其外商直接投资流量低于自动化强度低的纺织、服装和皮革制品行业。此外，在由物联网、大数据、人工智能等构建的数字经济时代，大规模定制、动态供应链、智能生产和服务、精准推送等成为现代工业的新特点，这是以廉价劳动力从事批量生产的低收入国家当前难以学习模仿的。

（三）逆全球化背景下制造业向区域、国内流转

全球产业链的发展需要积极、稳定的外部环境作为支持，尤其在全球金融危机后，全球经济进入深度调整发展阶段，民粹主义、贸易保护主义得到快速发展，逐渐进入逆全球化时代，全球产业链呈现出区域化、本土化的发展趋势。在亚洲地区的发展中，2000年到2017年这一阶段贸易在亚洲产业链中所占比例逐渐由40.3%上升到46%，在前向、后向简单产业链活动中，亚洲地区的贸易比重有所提升，分别在3.5%和7.4%左右；在前向、后向复杂产业链活动中，亚洲地区的贸易比重也得到了很大提升，分别在5.4%和6.6%左右，造成这一现象的主要原因是很多中低收入亚洲经济体逐渐融入亚洲生产过程中。通过分析不同行业的实际情况发现，亚洲地区贸易占比较高的产业主要有计算机行业、电子行业、光学产品行业、化学行业、制药行业、焦炭行业和精炼石油产品行业。未来，在"一带一路"和区域全面经济伙伴关系等合作倡议和协定的带动下，亚洲区域经济一体化程度将进一步提高。

在北美地区，劳动密集型产业、以美国为主的出口市场产业回流需求持续增加，具体体现在以下方面：第一，在金融危机之后，发达国家越来越重视"制造业空心化"问题，并提出"再工业化"理念，希望实现制造业的回流、振兴；第二，在我国社会的发展中，高科技产业得到社会各界的高度关注，对美国的全球主导地位带来了威胁，美国将中国视为竞争对手并对中国高科技进行了打压，以避免中国在高科技行业方面超越美国。在中美贸易摩擦的影响下，劳动密集型产业、以美国为出口市场的产业逐渐从中国撤离并向北

美地区进行发展。据统计，在2019年1月至7月，美国进口和2018年同期基本持平，进口需求未发生明显变化，但贸易伙伴国在不断调整，自中国进口下降366亿美元，而自墨西哥进口提高125亿美元。

二、新冠肺炎疫情对全球产业链的影响

（一）新冠肺炎疫情冲击全球产业链的机制

在全球产业链发展过程中，世界各个国家之间的经济联系日益密切，为全球发展带来了系统性风险。首先，从供给、需求两方面进行分析，新冠肺炎疫情挤压了全球产业链，出现了局部断裂的现象，在产业链前向关联和后向关联的影响下，直接冲击着经济体。从需求层面进行分析，在新冠肺炎疫情影响下，经济下行会导致耐用品消费受到不利影响；从供给层面进行分析，在新冠肺炎疫情影响下，受人员隔离、跨地区流动局限性的影响，企业会出现劳动力短缺的现象，甚至导致其关停。其次，各国采取的关闭边境、停航停运等措施导致国际物流迟滞、货物贸易成本增加，降低产业链运行效率。最后，新冠肺炎疫情导致的下游市场需求萎缩将加大上游供应商的生产、销售和库存管理的风险，引起价值链贸易严重的波动与混乱。

（二）新冠肺炎疫情促使全球产业链重构

在新冠肺炎疫情冲击下，全球各国的产业链都受到了一定影响，全球产业链存在不确定性，跨国公司及其母国为确保经济、产业链的安全性以及产能的自主性，避免过度依赖单个经济体、中断关键零部件，应改变传统以效率为标准的方式，在全球各个国家严格按照不同国家的比较优势、规模经济布局产品内各个生产环节的不同做法，充分考虑效率、安全的平衡性以及供应链的自主性和可控性，将社会成本作为产业配置的最终标准，及时调整医疗行业、高科技行业的供应链布局，如针对国内应急供应链进行备份、引导关键产业回流，从全球化回归区域化、缩短价值链。在金融危机之后，全球产业链逐渐停止扩展，并呈现出阶段性收缩的特点，新冠肺炎疫情的影响导致产业链分工方式、收益分配面临着很多风险，促使产业链收缩速度越来越快。除此之外，受新冠肺炎疫情影响，中美矛盾日益增多，美国以规则霸权工具为基础，以"国家干预主义"取代"新自由主义"，以"权力逻辑"取代"市场逻辑"，以"长臂管辖"取代"全球规则"来应对经济竞争对手和

保持技术优势。在对华战略上，以贸易政策支持国家安全政策，加紧在科技领域和关键产业与中国脱钩，并迫使第三国至全球范围与中国脱钩。在新冠肺炎疫情影响下，美国更是以国家安全为由，要求医疗设备等行业供应链从中国迁出，采用多种方式吸引美国企业从中国回撤。

三、全球产业链的重构方向

为了有效评估未来全球产业链的重构方向，必须正确认识新冠肺炎疫情与经济全球化的密切联系，将其作为基础，它所导致的全球供给需求持续下降，造成价值链断裂、各个国家意识形态和价值理念分化等问题改变了以要素资源跨国配置为特点的全球化发展基础，推动了逆全球化的发展。新冠肺炎疫情后的全球化走向和趋势具体体现在以下方面：一是有限全球化。全球各个国家收回了很多经济主权，经济形势逐渐由生产要素在全球范围内高速流动、优化配置为主的超级全球化逐渐回归到以商品和资本流动为特点的有限全球化。二是再全球化。以"中心—外围"经济结构为基础，中国作为新兴经济体的代表，在全球治理能力增强、国内市场的扩大过程中，成为全球化的新动力，发达国家和发展中国家构成的"二元格局"，在新冠肺炎疫情影响下转变成以发达国家、新兴国家和外围国家构成的"三元格局"。三是慢全球化。随着商品、生产要素全球流动摩擦加剧、全球投资增速放缓以及跨国公司与母国利益冲突增强，全球化趋势放缓，区域内经济一体化程度进一步加深，全球价值链向区域内收缩。四是数字全球化。在互联网时代，数字经济发展十分迅速、人工智能化程度不断提高，现代技术逐渐代替了商品贸易和金融活动，成为全球化的主要驱动力，全球化体现为线上互联性的增强和线下要素流动的趋缓。

综上所述，超级全球化的主要特点是发达国家作为主导，生产要素在全球范围内流动、优化和配置，但这一情况有所改变。在数字经济、人工智能化发展过程中，新兴经济体逐渐参与到全球治理工作中，发展中国家工业化发展迅速，逐渐融入全球经济分工中，这些因素为全球化发展提供了支持。在未来社会的发展中，全球化需要多个方面的大力支持，将呈现出相互博弈、权衡的特点，在技术、市场、成本、竞争和政府等因素的影响下，全球产业链积极探索新的稳态。一方面，市场、技术和成本因素将继续推动全球产业链的发展。从市场角度进行分析，中国是发展中经济体的代表，国内市场范围持续扩大，吸引了很多跨国公司，并结合终端需求形成了新型区域集聚模式；从技术和成本角度进行分析，在全球格局持续变化的过程中，全球产业链呈现出知识化、数字化和资本化特点；从政府部门和政策角度进行分析，在全球产业布局中，安全导向具有重要影响。新冠肺炎疫情冲击一方面加速了金融危机后已经出现的全球产业链区域化和本土化重构趋势，另一方面促使跨国公司在产业链布局上开始实施多元化和集聚化战略。

（一）终端市场需求驱动的产业链区域集聚

为了满足全球的实际需求，终端市场的地理格局发生了很大变化，这为全球产业链重塑提供了重要支持并吸引了很多跨国公司，这些跨国公司结合终端需求形成了新型区域集聚模式。通过分析相关报告发现，在金融危机之前，全球化发展中发达经济体是消费主体，1999年到2007年，全球74%以上的消费来源于发达经济体。在金融危机之后，在全球消费中，发展中经济体所占比重持续上升。2017年，发展中经济体在全球范围内所占比例在38%左右，较2007年提高了12%。其中，中国、除中国外的亚洲发展中地区和美洲发展中地区分别贡献6%、2%和2%。同时，预计到2030年，中国、除中国外的亚洲发展中地区、欧洲发展中地区在全球消费中所占比例将分别上升6%、2%、2%，这就会吸收更多跨国公司结合终端需求形成新的区域集聚模式。

（二）以技术、成本为主的产业链知识化、数字化和资本化发展

在全球要素格局持续变化的过程中，全球产业链将长时间呈现出知识化、数字化、资本化的发展趋势。首先，在全球价值链发展中，知识、无形财产的重要性不断凸显出来。在2000—2016年，全球价值链中研发、无形资产资本化支出在总营收中所占比例有所上升，由5.4%上升到13.1%。各类价值链活动的知识密集度也在不断提升，尤其是制药、医疗设备、机械设备、计算机和电子等方面，所占比例分别是80.0%、36.4%和25.4%，分别上升了66.3%、29.3%和17.4%。与此相对应，价值链创造活动向研发和设计等上游活动、营销和售后等下游活动转移，而制造环节的价值占比下降。其次，自动化技术、人工智能技术在很多领域得到了广泛应用，长时间的低利率环境促使制造技术、资本密集度有所提高。从技术角度进行分析，人工智能技术、

3D打印技术逐渐代替了中低技能劳动力，促使工业生产方式发生很大变化；从政策环境角度进行分析，主要发达经济体重点推行的低利率政策，促使资本相对劳动力价格有所下降，产业链呈现出数字化、资本化特点。在未来社会发展中，拥有高技能劳动力、高创新研发能力、良好知识产权保护的国家将在新型全球产业链发展中发挥重要作用。

（三）以安全导向为主的产业链多元化、集聚化

在供应链发展中，为了确保其韧性、灵活性，必须提升产业链抗风险能力。从产业链布局进行分析，跨国公司向多元化、集聚化战略进行发展。多元化能够分散风险，避免对单个经济体、少数国家供应商产生依赖；集聚化能够借助产业链集群减少运输成本和物流时间，促使物流调度效率得到提升，从根本上减轻自然灾害、公共卫生事件的危害。产业链多元化布局具体体现在服务业、复杂价值链制造业中。例如，在日本汽车行业发展中，汽车零部件对中国比较依赖，但在新冠肺炎疫情暴发期间，受中国工厂停工、物流中断的影响，日本企业受零部件缺失的影响不得不停工停产。2020年3月5日，日本首相安倍晋三在"未来投资会议"上表示："日本必须考虑让一个国家依存度较高的产品和附加价值高的产品的生产基地回归日本国内。如果做不到这一点，就尽量不要依赖于一个国家，向东南亚国家转移，实现生产基地的多元化。"2020年9月3日，日本宣布扩大补贴计划，将印度、孟加拉国等地列为承接中国产业转移的目标国。

在全球产业链发展中，多元化为发展中国家企业的积极参与提供了支持，但通过分析人力资源、基础设施等因素发现，产业链布局的候选地主要是中国内地、韩国、西班牙、部分东南亚国家和东欧国家。很多发达国家为了确保安全性，将大力构建国内、区域内的产业链条并试着构建"去中国化"的全球产业链。但是，在新技术发展过程中，中国内地属于重地，其产业配套能力、市场容量相对强大，在长时间发展中会在新的全球产业链中发挥出重要作用。产业集聚主要集中于国家战略性新兴制造业或国家支柱产业等重点产业。各经济体为保证经济安全，为了有效防范产业风险，倾向于建设从研发、设计到物流、金融等产业配套的全产业链集群。另外，产业链集群的市场规模比较大，在全球产业生态中经济体的话语权不断增强，市场规模能够从根本上规避关键技术被"卡脖子"带来的经营风险。

（四）在多种因素影响下制造业产业链区域化、服务业产业链全球化

在未来社会发展中，受技术、政府部门、市场和成本等影响，制造业产业链，尤其是汽车、电子产品和纺织服装等驱动价值链型的区域属性越来越强，但服务行业的全球属性也会持续强化。纺织业、服装业、玩具业、家具制造业都属于劳动密集型产业链，在发展中国家劳动力成本上升过程中，自动化技术、人工智能技术会代替劳动力，以劳动力成本为基础的套利空间将持续缩小，可能向资本密集型产业链进行转变，并在最终消费市场、母国所在区域不断收缩。化工行业、汽车行业、计算机行业、电子行业和机械设备行业都属于资本技术密集型制造行业，在驱动跨国公司向区域布局供应链发展过程中占据重要作用。其中自动化技术扩大了劳动密集型加工组装环节的选址空间，生产链条长、供应商数目多、生产过程紧密、对外部冲击敏感的特征促使跨国公司为达到准时生产（JIT）要求、降低社会成本和协调，对供应商进行备份，同时将部分产能布局于国内或区域内，而政府基于经济安全的考虑也迫使技术密集型的高附加值生产环节回归国内。对于金属制品、橡胶和塑料、纸张和印刷、食品和饮料等行业，由于产品的重量、体积及易腐性等特征，区域特征本身就比较显著，2/3以上作为中间品投入资本技术密集型产业链，尤其是区域产业链中。而对于农业、采矿、基础金属等资源密集型产品产业链，自然资源和运输便利性依然是选址主要决定因素，更多遵循本地化的发展路径。同时，不同于部分制造业，受数字经济驱动，服务业将实现进一步全球化，产业分工更加细化，服务外包更加普遍。

为了适应全球产业链发展，我们应该构建新发展格局，具体形式是国内循环为主、国内外双循环，在逆全球化背景下促使中国产业链、供应链的稳定性、竞争实力持续提升，为经济发展提供保障。首先，从国际循环角度进行分析，应该促进商品、要素流动性开放及规则制度性开放快速发展，充分利用国内外市场，针对资源配置进行优化，促使增长潜力得到有效释放。从区位选择角度进行分析，中国产业链布局重点是东亚地区、"一带一路"沿线国家。其次，从国内循环角度进行分析，要打破省区间市场壁垒，盘活国内资源，充分利用东中西部的比较优势，保障产业链、区域经济发展的协调性。最后，对于关键技术、零部件和原材料，政府要加大财政、制度等各方面支持力度，构建自主可控的产业链条，避免在全球分工体系中被"边缘化"。

第三章 智慧城市产业链发展

第一节 产业链助力智慧城市发展

在信息时代，智慧城市属于一种全新的城市状态，现代城市呈现出全面网络化、高度智能化、应用普及化和产业高端化的特点，促使城市信息化向高级阶段不断发展，其核心资源是信息和知识，新一代信息技术为其发展提供了技术保障。在智慧城市发展过程中，高速光纤网络发挥着基础保障作用，通过广泛获取信息、透彻地感受环境，对信息进行有效处理，保障城市管理模式创新，为城市运行效率的提升提供保障，优化城市公共服务，实现信息化、工业化、城市化、市场化和国际化的有效融合，这样城市综合竞争实力才能够得到提升。在城市未来发展过程中，智慧城市理念会产生一定的影响，具体体现在以下方面：第一，城市管理重点是在智慧化管理的基础上，促使城市综合管理效率得到提升；第二，发展战略性新兴产业，大力发展物联网技术、互联网技术、无线网络技术、卫星定位技术、云计算技术和软件设计技术等新兴技术，在智慧化管理基础上促进智慧城市的发展；第三，通过科学技术进行创新；第四，创设美好的城市生活。在过去的数字城市、无线城市发展中，智慧城市理念的提出具有重要作用，它聚焦民生和服务、鼓励各个行业的创新和发展，大力关注共享和协同、强化感知和物联网技术。在智慧城市创新过程中，创新重点是全面整合城市发展过程中分散的信息化系统、物联网系统等，构建协同能力、调控能力一体化的体系，实现城市信息化的真正发展。在未来社会的发展中，为了提升城市功能和品质，必须发挥"智慧城市"的载体作用，实现由工业化转变成信息化的持续发展，促进生产方式、生活方式、交换方式和公共服务的改变。这在特大城市管理工作中具有重要意义，具体体现在政府决策、市政管理、公共服务和社会民生方面。据统计，从 2010 年起，中国智慧城市的发展就十分迅速，我国已列计划、在建的智慧城市有 95 个。其中上海、广东、江苏等省市一共有 32 个，占 1/3 以上，宁波、上海、广州和南京等地区提出并启动了"智慧城市"等战略规划和实践项目，上海已将智慧城市建设列入"十二五"发展规划。在城市化建设中，为了实现智慧城市的预期目标和落实相关服务，"十二五"期间，很多地区智慧城市建设启动了2万亿产业机会，智慧城市建设重点是前期基础设施建设、中期数据处理设施建设和后期服务平台建设，相关建设领域主要在电信设备制造、系统集成、数据采集分析、电信运营商和数据服务等方面。2012年以来，我国智慧城市建设速度持续加快，城市信息化在不断升级，为智慧城市产业链发展提供了支持。

一、信息技术打造智慧城市产业链

新一代信息技术逐渐成为国务院确定的七个战略性新兴产业之一，"十二五"规划明确规定了战略性新兴产业的相关内容。作为国家重点扶持对象，信息技术逐渐发展成战略性新兴产业之一，现已得到很多部门的高度重视。新一代信息技术具体是指下一代通信网络、物联网、三网融合、新型平板显示、高性能集成电路、以云计算为代表的高端软件。而产业链指的是从一种或几种资源在若干产业中由下游产业转移到消费者的一种路径，其本质是厂商内部、厂商之间为生产最终交易的产品、服务经历的价值增值的活动过程，在商品或服务创造时经历了从原材料到最终消费品的全过程。供应链指的是在原材料采购、生产储存、仓库管理、分发、运输、履行订单、客户服务、市场需求预测、订货全过程中实体作业活动及其相互关系动态变化的网络。

Stevens认为，供应链具有系统性特点，其重点是将前向物流、反向信息流有效连接，形成原材料供应商、生产工厂、配送服务和顾客在内的完整供应链体系。Kopezak则认为，供应链是由原材料流、产品流、信息流构成的供应商、物流服务提供商、制造商、分销商和零售商一体化的经济实体。森尼尔·乔普瑞、彼得·梅因德尔认为供应链由所有满足客户需求的直接、间接相关的流程构成，具体是制造商、供应商、运输服务商、仓库服务商、零售商、客户等。信息产业的本质是各项相关产业的总称，如信息技术设备制造产业、信息收集产业、信息处理产业、信息加工产业、信息存储产业和信息传递产业等，具体分成信息设备制造产业、信息服务产业、信息内容产业三大类。信息产业链主要是在信息产业经济活动中，相关信息产业部门在经济技术融合基础上构成的首尾相关的密切关系，其价值增值链对象是信息通信产品，在通信服务全过程中具有重要作用。通信产业链中的增值主体借助软件硬件设备完成信息加工，为最终用户提供信息通信产品，保障信息通信价值的提升。在新一代信息技术发展过程中，智慧城市产业链日益完善，在新一代信息产业链条的各个领域都发挥着重要作用。智慧城市建设具体分成前期基础设施建设、中期数据处理设施建设、后期服务平台建设，建设相关行业具体体现在电信设备制造、系统集成、数据采集分析、电信运营商和数据服务等行业中。

二、智慧城市将引发产业链效应

在智慧城市建设中，各个参与方需要通力合作，各方合作的基础具体体现在以下方面：在城市化建设日益加速的过程中，信息化进程处于快速发展阶段，城镇化、信息化的融合会对信息产业带来一定的积极影响，引发一系列新需求。为了实现城镇化和信息化的融合，智慧城市建设提出了理想的解决方案，如舒适的居住环境、通畅的交通、便捷的医疗服务、高效的公共服务、随处可见的网络连接等。信息化和城镇化的融合为信息产业发展提供了动力，同时也衍生了一系列新兴产业，为相关产业的发展提供了支持。另外，在建设智慧城市过程中，政府部门在城市可持续发展中发挥着推动作用，必须深入贯彻落实国家信息化发展战略，渗透以人为本的理念，才能促进政府部门的执政能力提升，实现智慧引领城市发展的有效变革。因此，智慧城市参与各方之间的合作将带来更多的经济效益和社会效益。

从产业链效应角度进行分析，产业链的本质是产业价值在各个部门之间的分割，具有一定的价值增值效应，其普遍来源于产业链的乘数效应中。具体是在产业链某一节点效益出现变化的情况下，产业链中的相关产业会发生倍增效应。IBM认为，智慧未来供应链在世界范围内呈现出数字架构、物理架构汇聚态势，在传感器技术价格持续下降、可靠性不断提升的过程中，能够针对任何活动、过程进行测量，各个物体都能够完成通信和协作，不需要人为因素的过多干预。系统全过程都是相互联系的，各个供应链是相互连接的，如与运输系统、金融市场、电网、自然系统进行有效连接。通过进行智能世界分析就会发现，所有见解都能够转变成具体行动，以此创造更多价值。

通过分析互联网、云计算和数字新媒体等技术，我们可以明确，移动互联网产业链主要有三个层级，分别是移动终端、移动软件和业务应用。其中，移动终端层的主要构成是部件、整机。在互联网时代，移动互联网发展的关键趋势转变成以智能手机为代表的终端多样化。与此同时，移动终端功能也越来越强，移动互联网软件层具体是智能终端操作系统、移动数据库、移动安全软件和移动中间件。通过分析移动应用层的类别，可发现它具有六大类业务，具体是语音增值类、效率工具类、应用分发类、生活休闲类、位置服务类和商务财经类。云计算技术具有按需自助服务、广泛的网络访问、快速伸缩性、按照使用量计费等优势，逐渐发展成企业信息化建设的最佳平台，为企业信息化建设由产品+项目阶段向服务阶段进行过渡提供了保障。在"十二五"期间，云计算技术的研发、产品推广和应用得到了快速发展，在这一过程中政府部门给予了政策、资金和项目等支持。尤其在产业链日益完善、商业案例不断丰富的过程中，云计算技术在很多行业中得到了广泛应用，如金融行业、电信行业、医疗行业、教育行业和电子行业在未来五年将得到快速发展。

在数字新媒体领域发展过程中，新兴信息技术为很多业务的发展提供了支持，如成熟的宽带网络为各种新业务搭建提供了平台支持。首先，从通信行业角度分析，通信行业的建设者和运营者都会获取更多效益，如固定宽带、无线宽带和IPv6的设备商，经营通信业务的运营商等，尤其是光通信产业链中的光器件厂商、光纤光缆和网络接配设备商都会受益。其次，从软件行业角度进行分析，现代社会发展的主要技术路线是"前端感知+平台整合+后台处理"的模式，有助于传统IT企业向平台型企业进行转型。再次，从传媒行业角度进行分析，为了促进三网的有效融合，IPv6将发挥出一定的技术优势，流媒体业务呈现出交互、高清、高质等优势。在三网融合背景下，网络视频、高清IPTV会得到快速发展。最后，从电子行业角度进行分析，我国将加快终端智能化、网络化发展，宽带网络具有高速率、大容量特点，下一代互联网促使更多电子设备随时随地接入网络，保障其智能化、网络化，智能终端在人机交互、无线连接、家电智能化方面将呈现出更多优势。

三、智慧城市产业链存在的不足

（一）信息基础设施供给不完善

首先，在城乡总体建设规划过程中，通信基础设施工作未得到相关部门的重视，相关部门未针对管道、线路、基站和机房等用地进行规划、预留。其次，在信息基础设施建设中，需要各个部门的逐一审批，这一过程需要持续很长时间，直接影响建设的进度。再次，国家向信息基础设施建设投入的资金比较少，只有3%的资金来源于国家预算，比很多基础设施建设低10%。最后，国家相关部门未针对宽带规划、建设和保护提供相应的法律支持，在宽带和其他基础设施规划和建设产生冲突的情况下，电信条例无法发挥效力。但是，2012年5月，工业和信息化部发布了《通信业"十二五"发展规划》以及《宽带网络基础设施"十二五"规划》等三个子规划。从《通信业"十二五"发展规划》看，其分别从宽带网络覆盖工程、下一代互联网工程、云计算工程、宽带"村村通"工程、三网融合工程、物联网应用示范工程、网络与信息安全能力提升工程和应急保障能力提升工程八个方面对通信产业链的提升做出了规划。

（二）运营服务供给产业问题

在智慧城市产业链发展过程中，政府部门信息化投入重点及其职能转变遇到一些问题，政府部门信息化建设无法从单一的信息系统覆盖扩展到智慧城市整体战略层面。尤其在城市应急体系建设、平安城市转变成智慧城市方面，管理制度、服务供给都与智慧城市要求存在很大差距。通过分析2012年夏季北京等城市发生的水灾可知，政府部门必须对各项安全保障制度进行完善，强化统筹协调、顶层设计等，利用信息技术构建现代化智慧城市运营、服务和管理制度；需要建立跨网络、跨行业、跨部门的联动支撑制度，对应急指挥调度系统进行优化、升级，为卫星移动通信系统建设提供安全、可靠的保障；需要构建完善的应急通信装备储备体系，确保其先进性、合理性，严格遵循传输线路多路由、重要节点互相备份等原则，大力支持企业容灾中心建设，促进高抗灾网络设施的进一步完善，提高公众通信网络的优先服务水平。

通过分析企业运营服务供给可知，运营商面临着被管道化的压力，缺乏信息服务能力、ICT产业能力，行业和产业之间很少进行合作。现阶段，国内运营商只能在较小领域提供服务，在向综合信息服务提供商转型过程中还需要做出更多努力，且很多行业都有一些技术难题，直接影响着运营商的发展和应用。为了解决这一问题，运营商应借鉴IBM运营经验，关注市场机遇，针对交通、金融等行业特色以及各个国家的业务区别进行研究，以此提供具有特色的产品和服务。运营商应构建具有开放性、公平性的合作平台，吸引更多的合作者积极参与。运营商的网络运营优势明显，但在智慧城市发展中运营主体必须提升自身的集成能力，实现网络、软硬件、终端的有效融合，构建统一的端到端解决方案，为客户提供服务，但这些能力还需要运营商的培养。因此，运营商应该加强多方之间的合作，通过各方面公司的积极合作、参与，提供开放、公平的合作平台，在满足实际需求的基础上，积极探索短期和中长期的应用、市场需求。

（三）应用方案供给产业问题

从企业的角度看，现代企业信息化逐渐由关注企业内部管理支撑向关注对企业外部供应商和客户的应用价值进行转变，电子商业也在向全程电子商务不断发展，移动应用逐渐向行业纵深方向拓展，以海量数据为基础的商业智能分析逐渐成为社会各界关注的重点。目前，个人信息化已进入智能时代，互联网微观应用的发展逐渐削弱PC元素并同步迁移到移动设备终端，为移动电子商务发展提供了更多支持，实现移动互联网的爆发式发展。但是，相较于智慧城市的应用，企业供给应用领域偏重娱乐和用户体验。据统计，中国网络游戏用户达到3.24亿户，同比增长6.6%；网络音乐用户规模3.86亿，同比增长6.5%；网络视频用户达到3.25亿，同比增长14.6%；网络文学用户达2.03亿，同比增长4%。而在医疗、教育、能源、政府执行力与公民参与、公共安全等方面的应用明显不足。

（四）各产业协调发展的机制不足

体制问题直接阻碍了三网融合发展，电信和广电分业监管制度在三网融合试点工作中得到了有效落实。这两个参与主体分别属于不同的主管部门，电信行业负责互联网数据中心业务、国际互联网出口和ISP拍照等，广电行业重点负责IPTV拍照、IPTV播控平台等。三网融合需要电信行业和广电行业之间的合作，保障两者之间的利益渗透，但两者所处的发展阶段、发展模式都有所不同，其管理思路、发展目标和监管体系都有很大差异，会造成很多冲突和矛盾，从而衍生出一系列问题。但是，广电行业自身的业务形态属性导致三网融合体制问题日益复杂。因此，相关部门需要大力推动广电业务和电信业务的融合，向满足相关要求的企业颁发业务经营许可证，促进其网络技术水平、业务承载能力提升，针对相关工程标准、规范进行完善，保障电信网、广播电视网等基础设施的共建共享，创造更多效益，实现广电业务和电信业务的融合。除此之外，相关部门应大力发展融合业务，注重资源开发、业务创新和市场推广，大力发展三网融合业务，具体可从IPTV、手机电视、互联网视频、互联网宽带接入方面入手，确保产业链上下游企业的共同发展。此外还需要积极探索更多的合作模式，发挥出两者的资源优势，例如在媒体、网络、客户、平台技术等方面进行合作，形成满足竞争要求的产业格局。

四、完善智慧城市产业链的建议

（一）发挥政府的引领作用

在智慧城市发展过程中，必须构建高效的政府服务体系，实现智慧政府建设。一般政府部门掌控全社会80%左右的信息资源，这些信息资源比一般信息资源具有更多价值，可靠性、可信度和质量都比较高。为了实现政府资源的共享，必须强化科学顶层设计，为智慧城市相关产业发展提供技术、资金和人力资源支持，为各级政府工作的开展提供保障。为了加快智慧城市规划建设，政府部门应该发挥自身的职能，强化自身智慧化建设，全面落实以电子政务为代表的智慧政务，通过信息手段提高政府部门的工作效率和公共服务能力，构建平安、和谐的社会环境。另外，相关部门应该明确中国电子政务建设的问题，如重电子、轻政务，重硬件、轻软件，重网络、轻应用，重建设、轻管理，重新建、轻整合，从根本上改善自发为主尚未规范、有所应用未成体系、监测类多智能化少等问题。因此，政府部门应该明确政务物联网工作要点，尤其要重视公共安全、城市运营管理、生态环境、城市交通、农业、医疗卫生和文化等，积极开展管理、服务工作，提升居民的幸福感，尤其要注重食品安全、环境灾害、医疗监管等与民生相关的领域，通过各个领域的通力合作，实现创新和应用。另外，地方政府部门应该将信息分析作为重点，强化自身智慧化建设，充分发挥产业引导、生活方式倡导等规划管理职能，投入更多的资金、人才和技术支持，以满足智慧城市建设的实际需求，促进区域经济社会的持续发展，实现智慧城市建设的预期目标。

1. 大力构建基础数据库，共享数据资源

在智慧城市建设中，基础数据库是重要的基础性平台，在城市管理工作

中发挥着决策作用，相关部门需要针对不同领域的信息资源进行整合，构建完善的基础数据库。基础数据库重点包括法人单位、自然资源、空间地理、人口、宏观经济、企业信息和政策法规等内容。其中税务数据、金融数据的集中性、政府灾备中心建设是比较典型的基础数据库，为政府和产业之间的信息资源共享提供了支持，有助于构建统一的信息资源管理服务平台，以满足各个基层部门在公共管理和公共服务方面的应用需求。

2. 通过物联网和云计算技术整合各项资源

在智慧城市建设中，应充分发挥物联网技术的基础作用，利用云计算技术促使社会经济整体及时消除信息、技术、利益的孤岛，实现物尽其用、协调融合、和谐发展的预期目标。同时，相关部门需要积极探索、构建政务云，利用网络技术统一管理、调度分散的设备和资源，构建计算机资源池，按需向用户提供服务，充分发挥新一代信息技术在电子政务领域的作用，构建互联互通、充分融合、协同运作、创新发展的模式，推动智慧城市的持续建设和发展。

3. 政府部门投入更多资金，建设高效投融资平台

为了构建智慧城市的软硬件环境，政府部门需要投入更多资金作为支持，在充分利用既有设备的基础上，合理利用资金，促进智慧城市的进一步建设。同时，政府部门需要关注财政政策的支持，发挥其杠杆效应，积极探索精确制导的扶持方式，并在投融资政策方面制定投资导向目录，鼓励民间资本积极参与到智慧城市建设中，针对相关制度进行改革、完善，促使政府部门资金的导向作用得到发挥，从而构建起政府引导、企业为主、民间投入的投融资体系。

4. 搭建公共技术服务平台

为了促进产业和研发之间的有效对接、融合，必须针对软硬件环境进行创新优化，加强和科研院所之间的合作，以满足企业的实际需求，构建产学研沟通协调平台，还需要建立物联网基础平台，充分发挥物联网技术、云计算技术等新兴技术的作用。另外，相关部门还需要构建物联网技术研发、应用、实验、评估检测公共服务中心，在前期政府部门投入基础上，积极参与市场运作并培育更多科技中介机构，为智慧城市建设增添更多市场。

（二）发挥运营商的主导作用

在智慧城市建设过程中，必须充分发挥运营商的主导作用：首先，结合电信运营商转型理念，为智慧城市建设提供发展机遇。其次，在政府部门推动过程中实现运营商和智慧城市建设双赢。最后，促使运营商打通行业市场发展渠道，保障各项业务的创新及发展。为了促使运营商充分发挥产业链的主导作用，还需要明确运营商在智慧城市建设中的战略定位。例如，上海电信在发展中明确了运营商在智慧城市建设中的定位，具体体现在以下五方面：第一，运营商是标准共建的参与者，积极参与政府规划和政策制定、参与标准组和论坛及联盟的标准制定，为产业化发展起到推动作用；第二，运营商是终端设备的合作者，应明确终端需求，以此为基础进行定制开发，进一步丰富终端应用，推动终端的标准化，为产业链不同形态终端的发展提供保障；第三，运营商是信息基础设施的主导者，为了构建弹性、经济、可拓展的全业务通信网络，应将光纤作为基础，全面覆盖3G/WIFI/卫星通信；第四，运营商是智慧应用的参与者、推动者，通过全面整合价值链中的专业能力，积极参与开发、推广，形成端到端服务能力；第五，运营商是公共服务平台的运营者，大力建设IDC等IT基础设施，为跨企业、跨行业、跨职能部门的综合服务平台运营提供支持。

在智慧城市实际建设工作中，运营商应该将发展应用作为重点，缓解管道化压力。例如，在广东地区，无线城市发展中有200多种应用。首先，无线政务类应用最多，得到了政府部门的大力支持，人民群众能够在任何时间、任何地点利用手机、终端查看与政府部门有关的公开信息，还可以在公共事业平台中进行信息沟通，了解个人生活中的城市服务信息等，这类应用由政府综合门户平台拓展到政府职能管理平台中，包括警务等。通过大力拓展无线政务类应用，政府部门和人民群众的距离越来越近，政府事务办理流程也更加简单。其次，数字民生类的应用具有重要意义，通过预约挂号、预约检查、检查结果远程查看、药讯通、票务通、车载应用、手机证券等应用为人民群众享受数字生活提供了便利。再次，网络文化内容的益智类应用，有助于人民群众随时随地进入手机图书馆，查阅更多的图书资料，还能够欣赏动漫，享受更多SNS社区服务，上传、下载视频等，在未来社会发展中还会有更多网络文化形态，这些都会得到人民群众的青睐。最后，无线商务类应用主要涉及金融信息、股票行情、物流配送、管理供应、日常销售人员管理、工作单位派遣、企业视频监控、农业信息平台和创业就业信息等内容，人民群众通过这类应用能够获取更多有用、看得见的资源。除此之外，在智慧城市建设过程中，运营商既要正确认识发展机遇，也要正确对待面临的挑战，尤其要注重产业融合问题。在政府部门支持下，运营商应该强化电信行业和其他行业之间的融合，构建用户、企业和政府共赢的商业模式。运营商需要制定科学、有效的发展战略，避免出现同质化竞争、重复建设等问题，保障各项策略的差异性。任何一个运营商都应具备一定的特色以及一定的优势，运营商必须正确认识自身，积极探索市场机会，以满足智慧城市建设的市场需求，从广阔市场角度出发提升自身的综合竞争实力。

（三）注重发挥解决方案提供商的作用

在智慧城市产业链发展中，解决方案提供商发挥着重要作用，在联合政府部门、运营商方面具有规划作用。智慧城市解决方案提供商应该掌握更多的系统集成技巧和经验，构建定制服务团队，提供更多完善的行业应用解决方案，发挥出政府咨询、行业咨询和规划等作用，完善项目建设方案，为智慧城市建设提供数据支持和技术支持，形成多方共赢的运营模式。首先，解决方案提供商应向政府部门提供信息公开、公共服务平台，促使城市管理、行业工作的整体效率得到提升，为政府部门提供民众沟通、解决社会矛盾的渠道，构建和谐社会。其次，从用户层面进行分析，解决方案提供商应为用户提供免费共享智慧城市发展成果的平台，用户可以在平台中免费查询政府部门的公共资源信息，提供社会热点沟通渠道、本地化和电信增值服务渠道。同时，解决方案提供商为商家提供商品销售无线超市和无线精准广告投放平台，使商家成为电信增值业务提供商，同时促进移动通信技术发展与流量经营。除此之外，为了加快建设智慧城市，解决方案供应商应该做好以下工作：首先，充分发挥产业链的优势，针对智慧城市战略合作协议价值进行优化，加强和各级政府部门之间的合作，积极参与城市运营管理工作，并对政府资源、行业资源、智慧城市建设成果进行有效整合，为广大用户提供满足民生需求的服务。其次，重视智慧产业相关的技术研究、产品开发工作，构建现代化网络架构和解决方案，形成"3C设备+网络运营+内容服务"的模式，根据智慧城市、智慧社区和智慧家庭物联需求，将宽带网络、无线网络、有线电视网络、移动通信网络和家居控制网络融合，充分应用PC、手机、电视、PAD等设备，保障跨网络、跨终端、跨系统的有效整合及应用。最后，重视智慧产业标准研究制定工作，充分利用先进技术，如云计算技术和物联网技术，构建智慧城市、智慧建筑、智慧社区、智慧家庭一体化的解决方案并提供更多的网络与信息、数据结构，创设高效的智慧城市应用合作平台，为智慧城市建设提供大力支持。

第二节 产业链与智慧城市融合模式

一、产业链与智慧城市融合的类型

产城关系的类型可在工业化和城镇化关系的基础上进行归纳，工业化和城镇化是息息相关的，两者相互依存、共同发展，从时间维度方面进行分析，两者的关系是工业化带动城镇化、城镇化促进工业化、工业化和城镇化共同发展，两者的同步推进不只是在数量上同步，在结构、质量和空间上也要同步，这样的工业化才能有产业结构升级的基础，城镇化才能有坚实的产业支撑和完善的基础设施。现阶段，产城关系中"产"可以包括"第一、二、三产业"，而"城"可以包括产业园区、老城、新城、城镇等区域空间，产城关系的类型可总结为以下四种。

（一）产城分离

"产城分离"即产业和城市相互脱离，产业没有城市功能的辅助，产业发展未在城市建设中发挥作用，将带来"有产无城"和"有城无产"的问题。工业化初期，政府为追求经济增长偏重扶持工业，产业结构以传统工业为主，缺乏服务业，偏重本地居民和外来务工人员对城市经济的贡献；工业化进入高级阶段，重工业带动工业生产逐渐脱离城市，城市基础设施、社会服务和治理能力滞后于工业化的步伐，步入工业园区化的发展道路。工业化的超前发展带来了如下后果：其一，产业特别是工业主导了城市的发展，政府部门缺乏对城市基础设施建设、公共服务功能的重视；其二，人居环境和生活质量不被重视，没能为居民和务工人员谋求生活福祉；其三，传统工业与城市功能的配合度低，工业用地大量占用了其他用地，产业空间和城市空间混杂，城镇化质量持续处于低水平。

在城镇化发展过程中，很多新城区的楼盘建设数量持续增加，老城旧区的房价也步步推高，"房地产"效应催生下的城市缺乏相应产业的支撑，新城新区变"鬼城"，老城旧区变"睡城"。部分商业住宅区规划完善，但没有新兴产业的入驻和支柱型产业的依托，导致入住率低，建设发展缓慢。具备优势公共资源的老城也因为步步推高的房价挤走了原先的产业，成为仅仅供人休息的"睡城"。与此同时，数以百计的工业区、产业园区、高新区等也在如火如荼地开发建设。在这样的快速扩张中，城市发展定位单一，功能没有完善和提升，规划建设完成后的产业园区产业聚集度高，但缺乏公共设施和社区服务功能，只见工厂不见城镇，白天人头攒动，晚上人去厂空，产业发展难以维持。

（二）产城同步

在现代社会的发展中，工业化和城镇化呈现出协调发展的趋势，城镇化进入产城同步的发展阶段，产城关系从工业园区、产业园区向城市新区变动。专家、学者已经发现和重视产城分离导致的产城问题，并开始共同寻求相应的解决措施，产城同步是第一步。产业升级和城市发展要在同一速度带上，不能顾此失彼，在发展的过程中要协调统一城市对产业的支撑作用和产业对城市的带动作用。在这个时期，城市的发展不再依赖数量的增加，而是注重功能的提升，注重居民生活生产和产业转型升级的需要，打造功能服务型城市；产业也为适应城市和维持发展而开始调整布局，进行技术升级，其中服务业的占比结构越来越高，这是一个协同发展、共同改变的过程。适应城市发展的都市工业与服务业按照城市功能的需要分布在各个区位，服务业也从生活性服务业向生产性服务业转变；不适应城市发展的非都市工业开始退出城市空间，在边缘工业区集聚，也有个别非都市工业在进行技术改造后升级为都市工业，持续留在城市内部。

（三）产城互动

产业分布逐渐趋于稳定，城市功能进一步复合发展，产城关系从"产业适应城市"变为"产城互补互促"。这一阶段的产业通过优化升级向高新技术产业转变，并带动第三产业发展；城市通过完善基础设施向功能复合型城市转变，并加强与周边区域的经济、社会联系；就业人群通过配套的生活服务设施成为城市居民，并从事多样化行业，生活水平有所提高。产业业态与城市空间形态呈现出新的类型,打破了以往的单核心空间结构,推动城市向多核心、网络化的方向发展。两者的共同发展为城市竞争实力的提升提供了保障,使得产城关系进入互动时期。"产城互动"实则是"产城融合"的初期形式,产业的个别部门与城市功能在不同程度上实现了初步融合,而融合度的高低决定了产业发展的差距和区位。

(四)产城融合

在后工业化时期,服务业逐渐发展成主导产业,逐渐代替了工业的地位,城镇化速度增长缓慢,产业和城市进入融合发展阶段,前三个阶段的飞速发展得益于国家政策的大力支持,但为了实现产业和城市的有效融合,产业和城市必须实现自身发展。产城关系的成熟度表现在产业方面的结构转变、规模扩大、高效和智能化发展,城市基础设施完善、职住配套、功能复合,人口方面的高科技人才集聚、社会分工细化、就业结构多样化和就业人群复杂化等方面。产城互动为产城一体化发展提供了支持,两者的融合促使产城关系逐渐向高水平、深层次发展,为产城融合搭建了基础平台。为了衡量该区域是否已经实现产城融合,中国学者构建了不同的指标体系,利用不同的模型方法进行测度评价,这些都离不开对产业的科技水平、服务水平、区位要素、生态要素等影响因子和城市的交通水平、信息交流、人才集聚、公共服务等影响因子的定量分析。由此可见,产城融合的研究也是基于这些影响因子展开的,这是一个动态发展、相互影响、互动调整的融合过程,产城关系的协调性有助于产业和城市之间的融合,实现产城一体化发展的预期目标。为了实现产城融合的预期目标,产业和城市的空间必须进行有效统筹、布局,通过重组、复合城市功能,以产业转型和优化为支持,为其提供源源不断的发展动力。融合度相对较高的产业需要接纳高质量的城市服务来焕发新的活力,为产业与城市、工业化和城镇化发展的协同性提供保障。最终实现产业与城市的深度融合、工业化和城镇化的协同发展。

二、产业链与智慧城市融合的现有模式

模式指的是某一事物的标准样式,本质是事物和事物之间隐藏的规律关系,每个模式都描述着一个不断重复出现的事件和解决该事件的方法或经验,这样便可以无数次使用已有的解决方法,省去重复性的工作。当一个领域或

者某些事物发展趋于成熟的时候，模式作为一种参照性的指导方案会自然出现。"产城融合"从被提出继而被应用到实践中去，已经形成了各式各样的发展模式。这里从产业和城市的关联角度出发，将产城融合的现有模式归纳为产业主导型、城市主导型和产城复合型三大类。

（一）产业主导型

在产城融合发展过程中，应明确产业主导型城市建设的预期目标。新城建设需要基于产城融合的视角制定城市空间布局的规划策略，老城建设则是通过产城融合对城市进行一定的改造。在城市发展过程中，需要宏观政策、城镇化外部动力、产业升级、功能升级等方面的大力支持，通过产业发展带动城市功能的完善以及高水平就业人口的回流，通过产业发展强化城市居住职能以及城市活力的创造和复兴。从产业发展情况来看，产城主导型的城市建设在产业布局和城镇布局的发展过程中，易呈现"点轴型"和"支柱型"的产业发展模式。"点轴型"是注重城市工业区、产业园区和科技园等产业轴带的交通干道规划建设，依托现有城市空间格局、地理位置、交通体系和资源环境等有利条件，形成以点带面、以面促点、点面融合的城市发展新格局。"支柱型"是以支柱产业为核心带动配套产业和边缘产业形成城市产业配套体系，积极构建专业化、特色化的产业链，加强支柱产业的辐射带动力并与城市发展进行良性互动。简单来说，产业主导型模式带动力强、产业集聚度高、人口引力大且支柱产业突出。

（二）城市主导型

城市主导型的发展模式主要基于城市现有的区位因素、发展基础、生态环境以及未来的演化趋势，以"产城融合"为导向完善现有城市功能的配置，引进适宜当地发展的产业类型，提出产城功能融合的发展路径和网络空间融合的规划布局策略，实现城市宜居宜商宜业并提升城市现有价值。从产业发展情况来看，城市主导型的综合城镇建设易呈现"双核型""同城型""新城区型"等发展模式。"双核型"是指城市有两个中央商务区，共同承载和带动整个城市的产业发展和城市建设，保障城市发展格局的合理性，确保各个部门之间明确分工；"同城型"是指产业园区发展积极融入城市建设，适用于制造业和服务业比较发达的地区，城市带动园区产业形成大都市经济圈；"新城区型"是以功能新区或新城建设为依托，打造重点产业和城市特色功能，完善新城区的基础设施，通过政策先行或产业先导走"造城兴产"的发展路径。综上所述，城市主导型模式规划布局科学合理、功能分工明确、综合竞争力强、产业集聚快且配套完整。

（三）产城复合型

产城复合型的城市建设主要以功能复合为核心，以设施完善为基础，以空间融合为目标，根据不同的主导产业的城市功能规划配套相应的产城发展基本单元，形成较大规模的综合型开发区域。功能复合的本质是对产业、商务、居住和娱乐等功能进行整合，产业和城市不再是独立发展单种功能，其本质是保障功能发展的多样性，打破城区和产区相互隔离的状态，确保这一区域中产城功能的融合、发展。设施完善的本质是针对产业、城市发展提供配套服务，在满足人的真实需求的基础上合理配置公共服务设施，构建"产—城—人"一体化的服务模式。"空间融合"是对城市包括城郊整体区域进行合理规划，根据城市功能对不同的产业进行空间上的布局和组合，通过产城空间融合提升城市整体运行效率和居民生活质量。

三、产业链与智慧城市融合的案例

智慧城市战略已成为世界多数国家城市建设的主要目标与发展方向，这里从国内外大量智慧城市产城融合发展的案例中选取了德国法兰克福、日本筑波科学城、中国上海市和深圳市作为案例进行研究。这些案例之间有着共同点，它们都有自己独特的产业生态链，同样注重城市的基础建设、产业的科技支撑以及城市绿色发展。通过对这些案例的剖析和总结，可以分析其产城融合的模式和路径，总结经验，探究产城融合和产业生态链在实践层面的问题。

（一）德国法兰克福

法兰克福是德国的第五大城市、黑森州最大城市，位于莱茵河中部支流美因河下流，在第二次世界大战期间有80%左右的建筑被摧毁，但在第二次世界大战之后得到快速重建和发展，在德国甚至欧洲地区的交通、金融、商业、文化、教育、贸易中心等方面发挥着重要作用。法兰克福拥有德国最大的航空枢纽和铁路枢纽，拥有400多家银行、770家保险公司以及不计其数的广告公司，其证券交易所是世界最大的证券交易所之一，经营着德国85%的股票交易，法兰克福大学是德国排名前列的国际顶尖高校。

法兰克福成立专门的机构对智慧城市建设制订长久的计划和定性目标，通过各种融资机制和商业模式筹集资金，选择政企合作的模式来建设智慧城市。城市以良好的规划建设引导整体发展，在公共空间、建设用地、绿地景观等方面注重居住空间融合，对商业区进行较大的开发，人口密集度较高；居住区则相反，保持了后续基础建设的空间。法兰克福的产业多元且高端化，为高素质人才提供了大量就业机会，发挥了产业对城市基础设施及服务职能的促进作用。目前，这里建立了"法兰克福数字中心"来促进城市及都市区的数字化基础设施建设，通过功能网络将城市的产业、科技和公共机构联系起来，建设过程中注重"以人为本"，通过调研征求并了解当地群众的意见，进行模拟的真实体验并以此为根据对项目进行修改和完善。城市同样注重绿色发展，通过对城市绿色空间和公园体系的建设与完善，满足居民的高品质生活需求，采取高科技生物技术将垃圾转化为能源，降低二氧化碳的排放，实现保护环境的重要目的。

（二）日本筑波科学城

筑波科学城坐落在距离日本首都东京约60公里的茨城县筑波山麓，距东京成田国际机场约40公里，地理位置较为偏僻，虽没有周边成熟城市的带动，仍发展成一座典型独立的具有城市特征的科学城，其模式一开始就具有"产—研—城"融合发展的特征。筑波科学城在政府的大力支持和投资下，成功打造成一个综合性的学术研究以及高水平技术研发中心，同时缓解了东京人口过度密集的压力。目前已入驻了300多家研究机构、两所大学和2万多名研究人员（约占日本31%的科研机构），代表着日本主流科学的发展力量，被称作日本"硅谷"。筑波科学城作为一个远离大都市独立发展的智慧新城，其典型的发展特征便是产业与城市结合发展，针对产业结构进行优化、升级，促使城市功能得到不断完善，丰富居民生活，实现高科技产业园区向智能化都市新城转变。筑波科学城在规划上以建设"更广域范围的核心城市"为目标，在加强城市便捷性和功能性的同时实现智能化高级化的城市管理。通过世博会的宣传提高自身知名度，受到民营企业和科研机构的青睐，走产研城结合、协调发展的实施路径。研究区汇集大量高科技产业和科研中心，居住区、商业区和工业区也在服务、环境、需求等方面配套完善，整套现代智能理想家园式城市系统已成功构建。政府勇于创新城市发展模式，鼓励科研机构自主分配资源，促进研究成果转化为产业领域的实际应用。

（三）上海

上海，简称"沪"或"申"，处于长江入海口，属于长江经济带的龙头城市，GDP位居城市第一位、亚洲第二位，是国际经济、金融、贸易、科技创新中心和综合交通枢纽。上海拥有中国最大的外贸港口——上海港，集装箱吞吐量居世界第一，设有中国大陆首个自贸区——中国（上海）自由贸易试验区。上海是中国首批智慧城市建设重点城市之一，在规划和建设过程中，以创新驱动引领智慧城市转型发展，构建普惠化的智慧城市应用格局，以城市信息化为基础，通过自身产业发展和城市功能相结合实现城市智慧化。

上海加强了对城市数字化、信息化、网络化、智能化的关注，信息技术在城市管理、政府服务、民生保障等方面发挥着重要作用，能够确保数字城市管理水平的持续提升，信息化与工业化深度融合推动产业向高端化发展，提升信息技术的产业化水平。上海是一个港口型城市，借助商贸、货运方面信息的智能收集促进港口快速发展，在城市规划管理、交通综合信息服务、产业转型升级等领域构建满足智慧城市发展需求的信息化综合管理平台，注重将高新技术应用于实践，将创新技术与区域产业相结合形成区域经济效益，以回馈社会、政府、企业，实现产城良性互动。从融资角度进行分析，上海已将盈利项目推向市场，政府部门设立了专门的创投基金、科技发展基金，吸引了越来越多的社会资本，为社会融资提供了大力支持。智慧城市建设面临着提升城市功能水平和提供产业发展空间的双重任务，第二、三产业的融合发展完善了城市生产性服务业体系，产城融合模式推动区域经济发展，提升上海的国际竞争力和综合实力。

（四）深圳

深圳，简称"深"，是广东省省辖市，位于广东南部、珠江口东岸，属于我国一线城市中最年轻的城市，也是中国设立的第一个经济特区，国务院将其定位为国家创新型城市、国际科技产业创新中心、国际性综合交通枢纽等。深圳在高新技术产业、金融业、外贸出口、创意文化等方面都占据着重要地位，现已发展成为具有一定影响力的现代化国际大都市。2018年10月，深圳被评为健康中国年度标志城市，并获得"国家森林城市"称号。智慧深圳致力于城市信息通信基础设施、城市运营和民生服务、信息安全保障体系、智慧产业集群发展等方面的开发建设。

深圳是一个创新力较强的城市，其发明专利授权量一直在全国名列前茅，以创新力驱动智慧建设和发展是很有前景的。深圳扶持物联网、云计算服务、电子商务服务、北斗卫星导航等新兴技术，为智慧产业发展提供了技术支持，对产业结构进行了创新优化，构建起了以智慧化城市功能为支撑的产业集群，形成了新一代的信息技术产业基地。深圳以产城融合为目标进行产城规划，整合分散的工业区、产业园区，以高新技术产业和服务业为产业发展方向，划分产业分区并确定区域主导产业，使产业相互关联、企业相互交流，从而带动城市均衡发展。生态保护区则以绿色生态、环境保护为主，发展智慧旅游观光产业。

四、经验及启示

这四个研究案例代表不同地域不同模式的智慧城市产城融合发展现状。智慧城市的研究是当前新兴前沿领域的交叉研究，尚未形成独立的学科方向，将产能创新驱动作为城市的新动能，最终发展为产城融合，这是智慧城市发展的重要路径。政府部门需要推动新型智慧经济发展，并通过制定智慧城市总体规划和顶层设计等有针对性地解决城市问题。本书通过案例研究得到了如下启示。

（一）因地制宜，产业向高端化转型

每个智慧城市的特色产业和支柱产业不同，要综合考虑城市的生产要素、支撑条件和需求后，合理定位城市的产业发展和集聚策略。产业高端化是产城融合和智慧城市的前提和关键，通过产业结构的调整和升级推动产业向高端化转型。如在传统产业中加入高科技的应用，针对劳动密集型产业进行创新、升级；加速金融、电子商务、物流等服务业的发展步伐，融入最新的信息技术提升服务业的整体水平。中国智慧城市的建设以政府为主导，各地政府的财政扶持和多元化的融资机制也是推动产城融合发展的重要手段。我们应通过成立专项扶持资金、采取优惠的税收政策和对创新项目的扶持来支持产业结构优化，推动城市产业集群向产业链发展，只有因地制宜地实行产业高端化，才能在城市空间和功能等多方面促进产城一体化发展。

（二）规划先行，合理布局城市空间

科学合理的规划对智慧城市发展起关键性作用，规划不单是对城市人口和产业发展趋势的判断，更是为未来城市和产业发展预留空间，尤其是主要交通枢纽位置，不能贸然开发。规划要与时俱进，遵循城市发展规律和产业发展需求，根据互动和变化不断调整。城市的空间布局要体现合理性，智慧城市的建设是在原有城市的基础上进行智能化、信息化、网络化建设，过程中要对以往不合理的产业布局进行更新，避免功能分离和隔离封闭的情况发生。同时，要调节和优化城市空间结构，打造多功能的产业园区，提倡产业区和生活区混合发展，从而缩短生活区、就业区和休闲区的空间距离，实现产业功能、居住功能和生态功能的复合式融合，并在融合中实现资源整合和高效利用。

（三）坚持"以人为本"理念，保障城市可持续发展

智慧城市建设过程中要坚持"以人为本"理念，因为人的能动性和作用是不可忽视的，在城市建设和产业发展中关注民生问题可以一定程度地提高产业的附加值。针对智慧城市的重点项目，在建设前，要开展对研究者、工作者和群众的调查，了解民意后对项目进行改善，更新原有建设计划。智慧城市致力于保护和优化城市生态环境，提倡无污染产业，注重节能减排，扩大绿色面积，保障居民有一个良好的生活和生产环境，在交通、医疗、教育、饮食等方面实现资源共享，城市服务能力也随着居民需求的变化进行配套和升级；重视人才的培养和创新资源的引入，以高端新兴产业、完善的基础设施和就业住房的优惠政策吸引高层次人才，进而保障产业升级和城市可持续发展。同时在产业发展的过程中根据当地实际，融入城市的人文情怀和特色，即"人文、城市与科学的融合"。

第三节 产业链与智慧城市融合的目标与路径

一、产业链与智慧城市融合的创新目标

（一）智慧城市产城融合模式创新的产业生态链模型

从生态学角度进行分析，生态链和食物链的意思大致相同。生态链指的是物种和物种在物质、能量交换过程中，构成相生相克、共生共荣的关系，确保物种数量的稳定增长，保障生态环境的平衡发展。目前，生态学研究对象逐渐由自然生态系统转变成了复合生态系统，呈现出社会、经济、自然等领域的特点。"生态链"在经济社会中企业每个层次的数量和能量呈由上到下递减的规律，最底层的数量和能量决定了该链条的延伸度。在企业基数不足的情况下，没有大量外资的投入，贸然构建生态链将无法形成闭环或走向失败。现阶段，智慧城市产城融合模式的创新目标是构建完整的智慧城市产业生态链，弥补现有模式的不足，以完整的"生态链"推动产城"生态圈"的形成。

智慧城市生态圈的子系统中都需要搭建综合的信息平台，以此实现智慧城市与产业间信息的互动和连接。智慧城市的产业发展目标与其他城市不同，城市的支柱产业应注重智慧产业的培育，通过对智慧城市的资源整合和高新技术的支持，以及市场环境的营造，充分体现产业配套协作对城市建设的重要性。"创新+创业"的双创平台依赖于智慧城市创新要素、创新意识、创新能力的共同作用，创新是智慧城市的生命力，创业为智慧城市注入新鲜血液，城市为"双创"打造包容性的社会环境。信息化产业是城市走向智慧的引领者，信息化技术、信息化产业以及信息化服务在很大程度上推动着智慧城市的建设及发展，还对智慧城市产业发展、产城协同发展有促进作用，因此，我们可以将信息主体和用户、生产和销售信息产品有效整合，构建相应的信息平台，保障智慧城市产城发展的信息化。在智慧城市发展中，金融业具有资金链作用，对金融机构进行有效整合可以确保资金市场的稳定性，从而提升产品的整体价值，从根本上解决智慧城市发展过程中资金短缺的问题。在文化产业发展中，需要将物质文化、行为文化作为重点，大力推动文化产业的发展，创设多样的文化环境，促使智慧城市的综合实力得到提升。另外，相关部门需要对产业生态链资源进行全面整合，构建完善的以智慧城市产城

融合为基础的生态圈,实现对城市功能和产业发展的充分利用。

1. 支柱产业

智慧城市的建设离不开新兴技术的大力支持,如通信、网络、传感和软件等技术,支柱产业的重要部分是智慧产业,如软件产业、光电产业、设计创意等。为了将智慧城市产业的科技优势转化为资源整合优势和市场发展优势,政府要起带头作用,制定相应的智慧产业发展战略,全面落实各项优惠政策,为高新技术产业的发展提供大力支持,推动企业间的联合合作,完善企业上中下游的配套设施,培育并壮大地方新的经济增长点。智慧城市生态圈的构建和优化对城市和产业的发展至关重要,企业可以降低生产成本、提高生产效率,城市可以吸引更多的配套产业、高新产业入驻。智慧城市要联系客观实际和自身发展,从智慧产业的发展高度进行融资招商,重点培育和引进低耗能、占地少、附加值高的新兴项目。随着智慧城市的未来发展和转型升级,我们要支持城市信息平台的搭建,平台要融合智能制造、自主展示、亲身体验等多功能要素,为每一个企业、每一个产业提供管理咨询、质量检测、信息查询、技术创新、设备共享等高端高品质服务,满足智慧城市产城一体化发展的需求。

2. 产业创新

智慧城市产业发展的过程中会经历产业的技术变革、新兴产业的崛起和信息化产业的协同发展,为产业高端化转型提供保障。任何产业资源都具有一定的局限性,很难分布到更多的创新领域,应该将其重点放在某一特定领域的创新优势方面。在实际创新工作中,各个参与主体创新的企业产业之间传递、分工、合作、互动全过程都离不开对创新主体、创新要素和创新能力的研究。产业的创新是由高层次区域和技术创新组成的,并且与其所处的社会环境联系密切、互相影响;简单来说,智慧城市的创新意识和社会环境决定着产业创新的基础生存环境。为了加快智慧城市的产业创新步伐,政府应鼓励开放式包容性的文化环境,这有利于高层次人才、高端技术和资金等创新要素的聚集。要进行产业创新,首先内部系统要健全,并且能够顺利实现各个环节创新价值的交换,通过整合企业、科研院所和高等院校等创新主体,构建"研发投入—创新发现—技术开发—产品研制"的创新循环,加大力度引入具有创新能力和创新意识的新兴企业;整合城市多方面的创新要素,调动不同领域的创新主体，促进产业间的分工合作。从城市发展的角度来看，智慧城市需要大力支持"产学研"的创新合作，同时提供相应的创新服务，制定明确的产业发展路线并进行一定的产业规划与引导，避免忽视产业创新的个别薄弱环节。

3. 信息化产业

信息化产业的发展包含了信息流、信息主体、信息环境等基本要素，通过信息的流动连接无数的信息空间继而形成某种形式的信息通道。在智慧城市建设中，物理空间和信息空间都是十分重要的，从物理空间中采集信息，通过整合数据、分析处理后形成信息空间，信息化产业在城市智慧化发展中承担着整合、传递和利用各种信息的作用。在智慧城市的建设过程中，我们可以把信息主体当作"产业"，把信息环境当作"城市"，感应设备、网络空间、数据库、信息平台等智能化项目的建设都不同程度地影响着产业发展，促进产业与城市相互适应、形成良性互动，在信息流的运动状态中实现融合发展。信息化产业的发展对企业发展水平有较高要求，要加大对信息技术的资本投入，发挥智慧城市、智慧产业的优势，提高产城的信息供给力和信息吸收力；合理配置智慧城市信息化产业上各个环节的企业，根据信息需求的变化不断调整和规划信息流转路径，增强节点间的交流协作，避免"智能孤岛"的出现；采用统一的标准规范和高效的保障制度对信息进行全方位保密，避免城市信息流出。综上所述，城市中信息主体间、主体与环境间的相互关系都对信息化产业有着一定的影响，通过优化和加强这些联系可以提升信息的流转效应，实现智慧城市中信息主体的互利共赢，提升信息化产业的稳定性和适应性。

4. 金融业

在金融业发展过程中，资金工业者的资金、有价证券的金融主体投资、融资行为在金融运行的同时进行有效传递，各个金融主体都结合投资、融资的密切联系得以形成。金融业中企业合作越多、合作越紧密，其产品的价值越高、种类越丰富、市场越发达、融资能力越强，每个企业的混合经营越复杂，其产业发展就越稳定。智慧城市建设发展要将"互联网+"融入金融业中，整合利用互联网金融行业的发展资源，真正实现以信息技术驱动金融创新，宏观上利用互联网降低经济的搜索成本和交易费用，注重外部性和网络化效应；微观上利用互联网推动产业内部的管理机制、技术创新、企业文化等创新、发展。金融业发展的全过程都需要金融主体作为支持，使其在复杂化的过程中稳定地为城市发展和产业创新提供资金链条，加强各金融主体间的交流协作，实现金融业和信息化产业的优势互补与合作共赢，城市的智能化建设也为产业发展营造良好的金融环境。为了促进产业的快速发展，必须创新金融机构、金融业务、金融机制、金融结构和拓宽融资渠道等，优化产业升级模式，完善城市金融组织服务，形成合理布局的金融中心；产业作为金融主体发挥自身的特色与资本优势，互联网企业拥有技术和创新优势，城市作为金融业发展的巨大平台拥有管道优势和大量的移动终端，最终实现产城融合创新发展。

5. 文化产业

文化产业的发展需要社会各界的大力支持，需要摆脱自然环境的束缚，各项资源利用会超越自身范围。文化结构具体分成物质文化、制度文化和精神文化，文化环境是在确保文化多样性、差异性的基础上构成的，所以文化环境也是各有不同的。智慧城市是一个复杂的文化生态系统（文化环境），在城市可持续发展中，文化产业能够提供源源不断的动力。尤其在建设智慧城市的过程中，当地文化与新兴文化和外来文化的交流，会促使文化产业与文化环境产生双向互动，最终相互适应，保障经济形态发展的专业性，同时文化与环境的不适应也会影响城市的未来发展。智慧城市的文化产业是社会文化生态系统的一部分，自身拥有不同层次、不同层面的文化发展理念，每个企业的联系程度和关系也有所不同。这样的文化产业对城市其他产业的物质文化、制度文化、行为文化都会产生一定的影响，文化产业和城市文化都建立在产业和城市的基础发展上，它们相互连接、协同发展，并且拥有调节、完善和更新自身的能力。文化产业的发展是产城软实力的代表，通过策略引领、制度管理、文化融合、整体推进等方式促进智慧城市产业文化环境的形成。

在智慧城市建设中，为了构建产业生态化，必须将产业生态圈作为基础。产业链是指产业集群中处于上、中、下游层次的企业由于"投入—产出"关系形成的链条，具体是纵向供需链、横向协作链。纵向的关系可以看作是产业的分工不同，横向关系的本质是企业之间的共同交流、产业配套问题。构建智慧城市产业生态链可以从理论基础分成不同的层面，微观层面具体是城市基础资源，中观层面具体是各个企业之间的关系、生产结果的循环处理，宏观层面具体是各项政策的优惠支持、城市的配套支持。在实际构建过程中，我们必须确保各个链条的完整性，强化各节点内部的生态化建设，注重各产业的机构优化升级，注重企业的链接关系和城市的配合程度，通过产业生态链的构建使产城融合的耦合协调度达到高度协调，即产城融合模式的一种创新形态。

（二）模型结构分析

智慧城市产业生态链的模型结构可以从两个方面进行分析：纵向的供需循环链和横向的协作配合链。

从供需循环链来看，微观层面的自然资源、人力资源、交通运输和科技文化作为产业链的基础，支撑着产业生态链的初始发展。企业的发展可以看作是自然界个体生物的成长，它们依赖于和它相同的企业或组织，形成一种以经济活动关系为纽带的产业链。企业和产业的发展离不开对自然资源和人力资源的利用，而便利的交通运输能够将产业链上的节点串联起来，形成区位因素显性的产业链，科技水平是建立科学的企业生态系统、促进产业链生态化构建的关键。中观层面是产业生态链的重点，每一个企业与它的外部环境（包括其他企业、组织、社会环境、自然环境等）物质和能量的交换，构成发展的统一体。在产业链中，各个企业的角色都有所不同，一般情况下，每个企业都位于两条链的交点处。上游是矿产资源及其相关产业集群，通过原材料供应与中游企业达成合作；中游是重工业、轻工业、手工业及其相关产业集群，可以对上游企业的产品进行一定程度的加工；下游是高新科技产业、智慧产业及其相关产业集群，是中游企业结构优化和生态化后以及上游企业科技创新后的企业状态。产业生态链在一定程度上模拟了自然生态链，生产者产业利用现有资源生产出更多初级产品，为各级消费者产业使用提供支持，在这一过程中会出现很多废弃物，这就涉及生产结果的处理。生产结果分为两种，可供消费的产品和需要处理的废品，两者都有可能进入分解者企业，其中的一部分会以回收再利用形式，进入产业生态系统中，重新回归产业生态链生命周期中。宏观层面的政策环境、市场环境、经济实力和科研水平都不同程度地影响着产业生态链的生命力，只有在政府优惠政策的扶持下和良好的市场环境下，同时拥有强大的经济实力和科研水平，产业生态链的构建才稳定，持续性才长久。

从协作配合链来看，三个层面都是对产业生态链的协作配套，微观和宏观层面是智慧城市能源资源、基础设施、功能环境等条件的共同体现，中观层面是产业链的配套问题。完善多企业的配套才能保证产业链条的完整性，区域内产业链之间的关联度强弱、结构是否合理，对于产业链的效率至关重要。在这个层次上可以形成产业链之间的生态化，保障各个产业之间的和谐共生。通常情况下，同一链条中各个企业会产生合作、竞争，必须确保产业与产业的协作，针对技术研发协作链、产品制造协作链、市场推广协作链进行完善。同时，还应该关注各个企业之间的依赖关系，推动不同产业建立稳定关系，促使生产效率得到提升，还需要保障产业生态链系统的协同，改善不确定问题，构建相互依赖的基础，保证不同产业之间的合作，还需要以各个企业之间的经济效益作为基础，通过不同产业的协作形成产业集群，提升城市的综合竞争实力和产业生态链运行的整体效率，以此获得更大的经济效益，维持智慧城市发展的稳定性。横向的协作配合还会产生一定的附属产业，为核心产业群运行的稳定性提供保障。

（三）模型要素分析

产业生态功能的有序演化过程就是产业生态链的构建过程。产业生态链结构在不同的发展阶段下，竞争优势和产业链结构都不同。新的动力会不断改变产业链的竞争优势来源和产业链结构，促进产业生态链的良性发展。这里从智慧城市产业生态链的内部和外部层面对影响或推动产业生态链构建的关键要素进行分析，内部层面有关键企业和技术研发，外部层面有区位条件和政策环境。

1. 关键企业

关键企业在产业生态链中的地位至关重要，它高度关联其他企业，发挥带动作用，利用其在产业链中的核心地位，主导产业链的结构和模式，辐射到其他相关产业中，为产业生态链发展的高效性提供支持。关键企业提高生产技术、创新运营模式不仅能够提升企业自身的活力，也会带动相关企业的发展与市场环境相适应。

2. 技术研发

科学技术的发展进步和创新能力的提高给产业生态链发展提供了关键的技术支撑。技术研发提高了企业的生产效率，增加了产出产品的种类，生产过程更加细化，同时也提供了企业进入的条件，为形成产业集群创造了可能性。产业生态链依靠技术进步来实现，本身就是一种高科技含量的产业发展模式。随着技术的进步，从生产的原材料提取、生产环节到产出等各个部分已经能够做到资源的循环利用，真正实现了产业的可持续发展。

3. 区位条件

区位条件是产业生态链构成和发展的重要变量。便利的交通是一个区域内产业发展的先天优势条件，产业生态链构建最初主要考虑的就是靠近市或原材料产地。不同的企业发展模式对于资源和能源的依赖度不同。依赖度较高但位置偏远的企业运输成本占总成本比重过大，使得整个产业链的整合难度加大；依赖度较低且位置临近的企业所形成的产业链会更加紧密，临近消费市场、直面终端消费者，中间环节运输费用减少，能够增加其产品的附加价值，提高产业生态链的整体收益；另外，城市加快基础设施的完善也能弱化区位要素对产业发展的影响。

4. 政策环境

政府需要充分了解已有产业基础，优化存量，整合产业链状态，使政府政策引导企业增量，保障产业结构发展的合理性。政府部门还需要针对产业发展进行指导，主要是运用经济、法律、行政等手段合理配置影响产业发展的生产要素，产业政策制定的核心是保持各级政策的系统性和科学性。因此，要充分运用政府宏观调控这只"看得见的手"建立政策激励机制，为环境保护工作的开展提供支持。从产业生态链的发展方式看，企业应该作为产业生态链的主体部分，政府推动产业生态链发展，全社会达成发展产业生态链的共识。

二、产业链与智慧城市融合的影响因素

（一）动力机制

智慧城市产城融合发展的动力机制分为外部动力和内部动力，两股力量的共同作用推动着产业功能和城市功能趋于融合和协调，并不断追求融合度的加深。

1. 外部动力

外部动力主要包括宏观政策、市场环境、科学技术、集聚等驱动力，这些驱动力共同推动智慧城市的产城融合发展。

宏观政策的激励：智慧城市在中国的高速发展离不开国家政策的支持，从最初智慧城市试点城市的设立到现在推动新型智慧城市的发展，其定位、策略、模式、路径都有所改变。党的十九大报告指出，加强新型智慧城市建设是事关国计民生的重大任务和长期工作，这表明智慧城市建设承担的责任越来越重；报告还提出要加快技术创新和体制创新，推动互联网、大数据、人工智能和实体经济深度融合，这表明高科技产业和信息化产业的地位越来越高。政府为智慧城市建设创造了良好的发展环境，采取政策和机制支持产业结构升级和技术创新，提高城市的创新能力，带动城市的经济发展；在发展过程中，要针对出现的不同问题对相关政策进行调整和更新。

市场环境的驱动：市场环境可以确保市场机制的有效运转，推动工业化与城市化协调发展。从国际市场环境看，国外智慧城市的建设早于国内，信息技术的发展较国内更趋于成熟，我们要想在国际竞争中占据有利地位，就要及时更新信息技术，引进更多高科技人才；从国内市场环境看，多元化的融资渠道和现代化的产业经营模式推动了产城融合的发展，我们要注重产业间的关联度和协调度，提升各产业的生产力和竞争力。

科学技术的支撑：科技是第一生产力，科学技术的进步可以提高产品质量和附加值，推动产业优化升级，创造新的消费市场，带动新兴产业的发展。对于城市发展来说，科技可以带动城市经济的快速增长，吸引更多生产要素、高端人才、投资者，提高城市运作效率的同时节约资源和经济成本，采用大数据、物联网、云计算等手段建设智慧城市。

集聚效应的作用：集聚效应为城市的快速发展提供了直接动力，聚集更多人口为城市发展提供动力，促进资金的持续流动、增加更多劳动力，从而降低运输成本、促进规模经济的形成；产业的集聚能够带动整个城市的经济发展，并设置更多城市就业岗位，促使城市空间规模得到全面扩展，促进产业成长进步并实现产城融合。

2. 内部动力

内部动力出自产业和城市内部发展的需求，包括产业的生产要素、产业转型、结构优化以及城市功能等推动力，与外部动力形成良性循环与关联互动。

产业生产要素的推动：产业生产要素具体是满足产业发展需求的资本、

资源、劳动力和技术，为了确保生产要素的流动性，必须配置更多的资源，吸引人才集聚，促进技术的创新等，而生产要素的组合可以促进产业结构的变化，产生不同的绩效推动产城融合的演进。

产业转型升级的推动：产业的转型与升级是城镇化和信息化发展的必经过程，转型和升级后的产业对区位的选择也会有所不同，需要城市通过调整空间布局来适应产业的变化。智慧城市在产业类型和布局方面都会受到资金、人才、技术等方面的支持，应该抓住产业转型升级的机会，带动城市整体产业蓬勃发展，着重发展新兴产业和高新技术产业，推动城市发展和产业优化，开拓国际市场。

产业结构优化的推动：产业结构的演变有着一定规律，随着优化进程的加快，第一产业逐步向第二、三产业转型升级，而产业结构的优化对产城融合发展有着巨大的影响，可以增强产业的竞争优势，提高城市经济的发展质量，促进人口市民化，从而增加城市劳动力，带动城市的规划建设、功能完善和发展进程。

城市功能升级的推动：智慧城市的发展会经历不同的阶段，中国大部分智慧城市处在起步和成长阶段，还没有跨入成熟阶段。城市功能的完善是产业和城市发展的基础。城市不是只有生产和生活两种功能，要随着城市内部组织的更新发展进行城市功能升级，完善城市的配套基础设施，优化生态环境、人居环境和生产环境，保障交通、教育、医疗、娱乐等服务设施布局的合理性，从而提高居民的生活质量；要大力发展大数据、物联网、人工智能等高科技产业，增强第三产业的产值，刺激智慧城市高新产业链的形成与发展。

（二）智慧城市产城融合的障碍及影响因素

为了推动新型智慧城市建设和发展，必须保障智慧城市产城融合。智慧城市现处于由初级向中级阶段发展的成长期，在产业可持续发展、城市管理和治理、民生方面都起着重要的促进作用，但仍面临着诸多压力和挑战。首先，在智慧城市发展中，产业和城市应深度融合，公共信息平台的建立是不可或缺的。目前，我们在技术层面缺乏统一的标准和评估体系，建设层面缺乏部门间有效的信息共享机制，管理层面难以实现横向的调度和协调，导致智慧城市资源难以高效整合，无法消除信息孤岛问题。其次，产业是城市的"脉络",产业蓬勃发展才能推动城市的可持续发展,智慧城市的可持续能力涉及城市的方方面面,包括基础设施建设、智慧产业与经济、智慧管理与服务等。这样一个复杂的巨型系统,很难简单达成产业与城市的同步发展。政府无法全面统筹,企业的联盟也无法完成这么大的项目,所以要构建智慧城市的产业生态链,在建设中融入智慧产业,为区域经济发展的可持续性提供保障。最后,整体的生态理念和环保意识不强,忽视产业生态化的问题。保护环境不仅是政府和社会团体的责任,也是每个企业和每个居民的责任和义务。很多产业的发展都需要牺牲生态环境,过于追求短期经济效益。这种方法是不可取的,要从环保、循环再利用、可持续发展的角度去思考产业发展和产业链的组合,从而保护城市和居民生活环境。

通过分析智慧城市产城融合的影响因素可知,国内还未达成共识,仍处于共同讨论阶段,但这些影响是在多元化因素共同作用下形成的结果,相关影响因素具体如下。

1. 科技创新

智慧城市产城融合的发展需要以科技创新作为支撑条件。一方面,中国的科技水平逐渐向国际水平冲刺,个别产业的科技元素已经达到甚至超越国际水平。在此基础上,要努力形成一套适合中国国情、适合不同地区不同情况、适合不同产业的产业生态链发展的科学理论体系和技术支撑体系。另一方面,科技创新需要投入很多成本、面临着很多风险,同时对金融配套服务提出了更高要求,这就需要对智慧城市金融业发展进行完善,为科技创新提供更多机遇,获取更多现代化、多元化的融资途径,确保资金配置的合理性。另外,科技创新普遍来源于创意,创新成果需要设计、咨询、管理等服务行业的支持,这就需要城市更重视第三产业的发展。智慧城市科技创新影响产城融合的内在原因是相关领域科学研究存在欠缺,可以通过学习国内外先进的实践经验,以大量的科学技术作为支撑,再结合当地发展的实际情况,这样智慧城市和产业发展才能实现有效融合。

2. 产业结构

产业结构的优化升级使得经济效益、社会效益和环境效益协调发展,自然环境、资源要素、经济发展水平、人口规模等条件更加优化。智慧城市产业结构向高级化方向发展,对城市功能提出了更高的要求,也为人才和技术的应用提供了更广阔的市场。产业结构的调整要求城市在科技创新方面加大投入，在此推动下实现产城融合。城市产业结构升级能够满足智慧城市的服务需求，促进城市化水平的提升；良好的城市服务提供了良好的学习、工作和生活环境，能有效吸引人才聚集，进一步促进城市发展，提升智慧城市的发展水平。

3. 产业生态链

智慧城市的产业生态链构建相较于其他城市处于领先地位，城市主导产业将产品配套作为基础，构成产业链，上下游企业之间的产品代谢处于初级发展阶段，但是在个别产业生态链中，也会出现企业间关联度不高、城市配套率较低、区域内配套企业能力有限等问题。智慧城市产业链的结构松散，将导致城市无法进行可持续运营的问题，会直接影响到城市的产城融合水平；城市和产业要共同考虑产业生态链的设计、末端治理、资源利用不够充分、企业减量化和循环再利用等问题。

4. 生态环境

城市生态环境是产城可持续发展的复合生态系统。建设智慧城市旨在提升城市智慧化水平，又以智慧化与生态相融合促进城市可持续发展。欧盟委员会曾提出，智慧城市应该是一座重视信息通信技术、知识服务和社会基础应用的城市。智慧城市重视自然资源的利用和管理，以及人才的引入和培养。这一定义显示了智慧城市生态环境的重要性，强调了城市建设中应加强对生态环境的关注，良好的生态环境能为产城融合发展提供动力和配套支持。

三、产业链与智慧城市融合的路径分析

（一）提高科技创新的转化能力

产业生态化实际上就是一种高科技含量的产业发展模式，通过科学技术的发展以及企业创新能力的提升促进产业生态化技术的整体发展。只有依靠科学技术的进步，产业生态化技术才能同步提升，才能够提高资源的生产效率，同时提高单位产出，减少废弃物排放。因此，要在生产过程的每个环节都进行资源的有效循环和再利用，实现经济与生态可持续发展。企业要让科研成果落地，与实际生产并行，促使科技成果在短期内转变成企业生产力。

高新产业是行业内技术创新的主体,担负着实现或提高产品社会价值的重任。而高新技术企业本身就具有技术的创新能力和动力,将部分资金投入科技研究、新技术开发等方面,在这一过程中产生技术红利。首先,政府要给予专项资金进行帮扶,并辅以相应的税收政策,为行业技术创新提供支持,不同的企业间和相同的企业内部共享科技成果,尤其在同一产业链中的企业中,在共享科技成果的基础上可提高生产效率,促进产业实现螺旋上升发展,提升产业竞争力。其次,充足的资金是产业生态化发展的必要条件之一。要充分发挥政府的作用,通过政府的财政投资和对投资的带动作用,引导公司推进投资融资以及吸引社会资金参与投资,建立良好的投资融资平台,不断推进民间投资的发展,针对投资结构进行创新、优化,创造更多的效益。最后,引进更多专业技术人才,为产业生态化技术发展提供支持,人力资源可为科技创新、发展提供大力支持。目前制约产业生态化建设的重要因素之一就是产业生态化专业人才的缺乏,政府应该不断加大对专业型人才的教育投资,重视高等院校的建设,重视人才的培养和引进。

(二)推动产业结构的优化升级

智慧城市的产城融合发展必须重视产业结构的优化升级以及产业发展过程中区域内部对相关基础设施的完善和健全。这里所提到的产业结构是包括农业在内的完整的三次产业结构,只有第一、二、三产业以及各产业内部具体细分的产业结构得到了优化,才能促进经济发展中产城融合发展。智慧城市中的农业农村部分较少,以观光农业和高科技现代化农业为主,将农村的劳动力转移至城市,极大促进第二、三产业的发展,同时推动第一、二、三产业之间产业结构的协调优化。工业化发展进程中的积累的资本在一定程度上又可以投入信息产业促进信息化的大力发展,同时得到大力发展的工业还可以通过反哺农业进一步促进农业现代化的发展。由此,新型城镇化和工业化共同推动产业结构合理化的发展,产业结构的优化调整对于促进产城融合发展有着正向的促进作用。

第三产业是第一、二产业健康持续发展的配套性服务产业,第三产业的良性发展对第一、二产业的发展有着不可小觑的积极影响和推动作用。要大力发展第三产业,以完善配套措施提升第三产业的比重,一方面继续加强传统服务业,另一方面鼓励发展新兴服务业,立足智慧城市的发展实际,依靠科技手段对高新技术产业进行选择性突破。延伸优化智慧城市的产业生态链，尽可能地覆盖周边城镇，带动城市产业，增加居民就业机会，形成一个多样性、完整性、链接性强的产业链，切实提高第三产业在整个国民经济中的比重。智慧城市的信息产业相较于其他城市产业规模大、增长幅度大，政府应该主动关注城市信息产业的发展，关注城市软件业务收入和软件出口总额、企业拥有的网站数量、每百家企业拥有的网站数量、企业使用的计算机数量总量、每百人使用的计算机数量等数量的增长速率，通过比较分析，并基于实际发展情况提出一定的政策优惠和鼓励措施，推动信息产业的稳步增长和大幅度提升。

（三）促进产业生态链的多元化发展

产城融合发展的进程中，应当重视产业和城市的融合发展。在智慧城市经济发展过程中，应该根据城市的地理特色、资源特色，发挥优势促进产业发展，促进以产业链延伸为导向的产业多元化发展，做到区域经济发展中每个区域都有自己的产业特色和优势，而且能够把该特色产业和优势产业做大、做强，推动区域整体经济的发展。同时，在特色产业和优势产业发展的过程中以点带面，不仅可以促进城镇化发展，还能够推动工业化和信息化的发展，同时通过反哺农业有效促进农业现代化的发展，真正推动产城融合度的进一步提升。

在智慧城市的成长阶段，智慧产业、智能经济的规模高速扩张，智慧城市开始了多元化的发展，以产业链的延伸为导向，以优势产业为依托，利用科学技术整合各项资源，促进了高新技术产业的高速发展。高科技信息产业又反过来推动产业的纵深发展和横向扩展，产业链向集约型进行转变和发展，增长模式向高起点、高科技、高效益、长产业链、高附加值、高度节能环保转变。下一步，应培育和发展持续产业，对产业内部各资源进行优化配置和战略重组，构建智能经济，完成经济转型，充分发挥当地产业集群、城市配套服务的优势，保障智慧城市的有序发展，同时需积极探索多元化的产业，针对产业布局、产业结构进行优化升级，还应关注第三产业、高新技术产业的发展，促进三大产业发展的平衡性，保障城市的转型和发展。

（四）构建宜居宜业的生态环境

智慧城市的快速发展带来了日益严重的环境问题，影响了产业的提升和城市的进一步发展。良好的生态环境是产城融合发展的重要外部环境条件，应该高度重视智慧城市发展所带来的环境问题，积极构建生态文明城市，为产业和城市的和谐、稳定发展提供保障。

一是增加智慧城市的生态空间。智慧城市在规划时期就要确定城市生态空间的建设比例与区域分布，政府应定量化规定生态空间的建设比例，为城市的可持续发展提供良好的生态环境。因此，要在城市湿地和公园等已有的生态空间上，进一步增加其绿化面积，加大城市绿化的覆盖率，保护原有的生态空间和生态资源，在智慧生态型产城融合发展的基础上保障城市生态空间。

二是优化智慧城市的生态布局。从空间布局角度进行分析，在产城融合发展理念的基础上，针对城市三生空间进行优化、创新，不同空间的发展结构不同，要逐一考虑逐一解决，使得生产、生活和生态空间达到一定高度的协调统一，从而使智慧城市的生产建设、生活设施和生态美化实现统一。

三是实现智慧城市的循环经济创新发展。智慧城市的低碳循环经济发展要在智慧产业、高新技术产业的基础上进行产业链的整体化创新发展，在机制构建、平台建设、链条完善、环境优化、废弃物转化等方面发展，发挥创新作为第一驱动力的作用，推动产业低碳循环、环保节约，实现产业创新。智慧城市可以发展生态产业，结合当地适宜的环境条件发展生态农业；对工业进行升级和调整，使其与城市环境相适应，推动生态工业的发展；对第三产业进行转型和创新，推动城市服务业的绿色化发展。

四是加强智慧城市的环境保护。智慧城市的规划和建设要致力于打造一个和谐美丽可持续发展的城市环境，通过保护城市的自然环境和人工绿色环境，加强城市和产业的污染预防和问题治理，增强居民的环保意识和以城市为家的爱护心，真正达到智慧城市绿色建设的总体目标。智慧城市要建设城市生态功能区并出台相关政策，有效保护大气、水、土壤等自然资源，从根本上防治环境污染问题，促使水域环境质量提升，土地污染得到治理，改善城市整体环境，特别是城市空气质量问题，要强化对城市雾霾的治理，利用科技化监测手段保护人类赖以生存的大气环境。

第四章 产业链视角下中国农业产业发展

第一节 产业链视角下国外农业产业发展的经验及启示

美国作为世界上最大的农产品生产国和出口国,其农业是最具有竞争力的产业。日本发展农业的客观条件与中国相似,已走出了一条小农背景下劳动密集型的现代农业之路,并且其农业产业整体已达到世界先进水平;素有"欧洲的中国"之称、当今世界农业现代化成功的典型国家法国,已成为世界第二大农产品净出口国和第一大食品加工出口国,是世界上农业发达的国家之一。

一、美国、日本、法国等发达国家的农业产业发展经验

(一)美国农业产业发展经验

美国农业产业发展主体是一个个家庭农场,一个个农业企业,这些农业企业运用工业理念经营农业生产并借助各种经济组织,实现了规模化、专业化、机械化、集约化生产,大大提高了农业生产效率和产业竞争力,这是一条基本的农业产业发展经验。

规模不等的家庭农场和以家庭农场为基础组成的合伙制或股份制农场,构成了美国农业生产经营单位。随着农业机械化技术的大量采用和集约化经营,美国家庭农业劳动生产率和土地产出率大大提高,生产要素逐步向优势农场集中,农场数量逐渐减少,规模经营愈发明显。美国各种各样的高度集成化的专业化农业服务公司,承担了农业生产产前、产中、产后的各环节工作。在农业发展过程中,农场规模的不断扩大进一步促进了专业化程度的提高。

美国家庭农场普遍采用工业经营理念经营农业,实行企业化、工厂化、集约化管理与服务,农业产业竞争力大大提高。目前,美国有200万个左右的家庭农场,特别是由农产品加工企业、金融机构等投资人入股的股份制农场,实行资本集约、技术集约、智能化生产,表现出很强的竞争能力。

在美国,绝大多数农田归农民私人所有,受到国家法律保护。土地资源

由市场机制进行调节，可以自由买卖。全美从事农业及相关产业的劳动力有2 000万左右，这些劳动力资源全部由市场在各相关部门间进行优化组合配置。美国有的家庭农场主成为农业产业工人，有的转移到城市就业，还有的成长为农业企业家。劳动力自由流动推动着美国农业产业不断向前发展。

美国拥有主要包括政策性金融机构、合作性金融机构、商业金融机构以及农村保险等在内的全方位、多层次的健全完善的农业金融体系，建立起了支持农业、农村建设资金循环的长效机制。这些金融机构之间的分工合作为农业发展提供了多渠道的贷款支持，满足了不同层次的涉农企业单位、家庭农场对农业资金的需求，有效地支持了农村和农业发展。

美国是世界农产品第一大出口国，农产品具有很强的国际竞争力。这种竞争力一方面来自农民组织的农协和各种生产者协会，它们帮助农民销售产品，保护农民的权益；另一方面则是因为美国农牧产品的销售全靠市场调节机制。市场调节的最大好处是促使农民根据市场需要生产更多优质、适销对路的产品，以获取更大的利益。

美国农业产加销一体化水平很高，一方面，超市、连锁店等大型企业通过建立自己的配送供货机构，直接到产地组织采购、加工；另一方面，农产品加工企业规模大，加工水平高，成为家庭农场与市场销售的中坚力量。美国农产品生产、加工、营销各环节紧密相连，农业产加销一体化有力地提高了农业产业效益。

农业区域内产业集群和农业产业融合也是美国农业具有很强国际竞争力的原因。一方面，得益于依据当地资源禀赋、自然环境、经济社会发展状况以及种植传统和耕作习惯等条件建立的以优势农产品为重点的各具特色的农业区域化布局，并在区域内形成了产业集群，形成了一批有竞争力和国际知名的牧草乳酪带、玉米带、棉花带、烟草和综合农业带、小麦带、山区放牧带、太平洋沿岸综合农业带、亚热带作物区等八个专业化农业生产带、产业链。这种区域分工和专业化生产推动了附近地区相关产业乃至整个产业的发展。另一方面，通过农业产业纵向融合，美国农业将农业生产、工业制造、商品流通服务等第一、二、三产业融为一体，形成了一套产前、产中、产后紧密结合，以农工综合企业、工商企业和农业合作社等行业组织为主的产业化经营体系，打造了一条农产品生产、加工、营销各环节紧密相连的产业链。农业产业纵向融合，延长了农业产业链，实现了扩展农业产业，使其从纯农产品生产领域延伸到加工和服务等领域，实现了纵向增值空间的目的，大大提高了农产品的价值。美国农业产业横向拓宽发展，使得农业与非农产业之间的重叠现象日益突出，产业界限日趋模糊，生物农业、分子农业、太空农业、数字农业、精确农业、生态农业、旅游农业等一些新型产业形态迅速兴起，成为推动美国农业发展的巨大力量。

（二）日本农业产业发展经验

人多地少的资源禀赋特征决定了日本农业发展必须把科技进步放在重要位置。日本主要通过发展生物技术，改良农作物品种，发展农用工业，提高薄膜、化肥与农药施用水平，实现提高单位面积产量和土地生产率的目的。日本在生物、化学科技进步的推动下，通过小型农业机械对土地精耕细作，走出了一条小农背景下劳动密集型的现代农业之路。

针对农业专业化程度高的特点，为了帮助解决小农户与大市场的突出的矛盾，日本的国家、地方、基层三级农民合作经济组织农协联起手来，组织农户开展农产品销售、农业生产资料和物资的采购、农业金融服务、农业保险服务等。这样不仅大大提高了农业经营的效率，增加了农民收入，而且为日本农业走向多产业融合提供了有力的保障，极大地提高了农业的竞争力。

根据各地的自然条件和经济条件，实行农业区域专业化生产，是日本农业获得长足发展的一个重要条件。东北、北陆地区主要生产水稻，畜产则主要集中在北海道等牧草地较多的地方。以优势农产品为重点的各具特色的农业区域化布局在区域内形成了产业集群，形成了一批有竞争力的产业链。这种产业区域分工使日本各个地方都能充分地发挥各自的比较优势，有利于降低成本，提高农业生产效率。

日本农业产业实现价值的要点在于：首先，农业产业发展主体农户依靠市场的引领实现了适度规模化、机械化、专业化、组织化生产，发挥适度规模经营和农业科技优势，农业生产效率得到显著提高，为农业产业价值最大化的实现奠定了良好的基础。其次，完备的市场体系、持续发展的农业科技创新和信息支撑体系以及农协通过农业产业化运作机制将农业产业、供、销各环节一体化起来，以实现农业产业链整体价值的最大化。最后，在第一、二、三产业的产业布局不断调整和优化的过程中，通过第一、二、三产业的融合发展实现农业产业现代化。

（三）法国农业产业发展经验

法国农业的集约化除具体表现为规模化、专业化、机械化为代表的高生产力水平以及由此带来的高附加值的农副产品生产外，还表现为高效益的产业结构和工商企业广泛参与的集约经营。依据适宜发展畜牧业的自然条件，法国实行以牧为主、农牧结合的模式，并形成种植业、畜牧业、林业、渔业多种经营的格局。法国的畜牧业、蔬菜和水果业、农副产品加工业获得极大发展。法国的工商企业广泛参与农业经济活动，它们实行资本集约、技术集约、智能化生产，使得农业产业表现出很强的竞争能力。

法国也形成了全国统一、开放的商品市场、劳动力市场和发达的金融市场，加上法国具有世界先进水平的农业科研教育与技术推广体系的推动，农业产业获得了快速发展。尤其是法国政府通过农业产业化模式实现专业化农业生产与市场的对接，较好地解决了小农生产与大市场的矛盾，对许多国家具有借鉴的作用。

法国通过农工商一体化模式实现专业化农业生产与市场的对接。法国的农工商联合体可分为纵向（垂直）一体化和横向（平行）一体化两种模式：所谓纵向（垂直）一体化就是农业资本与工商业资本相结合，实现产、供、销为一体的综合企业。第二次世界大战后，这种农工商综合体发展迅速。纵向（垂直）一体化有利于提高生产工作效率，实现共赢目标。横向（平行）一体化就是组织以购销、服务和信贷合作社为主的各种类型的农业合作社。经过几十年的发展，农业合作社在法国得到迅速发展，农户基本上成了各类农业合作社社员，各农业合作社占据了农产品市场绝大多数份额。如主要从事购销业务的购销合作社收购、生产了法国一半以上的主要农产品和主要农用生产资料。总之，法国农业合作社已逐渐形成一个庞大的经济体系，成为法国三种经济成分之一。它在联结生产与销售及为农民提供产前、产中、产后服务方面发挥着重要的作用。

法国农业产业价值的实现在于：首先，法国的农业产业发展市场主体是从小农经济发展而来的适合法国国情的中等规模的家庭农场，但与工业一样实现了规模化、科学化、专业化、工厂化生产，农业获得了规模经济优势，产业效率快速提高。其次，为了实现农业产业价值最大化目标，法国采用纵向（垂直）和横向（平行）两种农工商一体化模式实现农业生产与市场的对接，以实现农业产业链整体价值的最大化。这里特别要强调法国食品产业一体化发展水平很高，为实现农产品价值增值、促进农业产业发展提供了可靠的保证。最后，为了获得规模经济优势，追逐农业产业链的价值最大化，法国根据各地的比较优势，发展起一系列农业产业集聚区、农产品加工业集聚区和农业产业融合，大幅提升了农业产业的竞争力。

二、韩国、巴西、印度等国家农业产业发展经验

（一）韩国农业产业发展经验

韩国是典型的人多地少的小农经济国家，农业的发展很大程度上依赖于完善的社会化服务体系，而作为其农业社会化服务主体的农协，则承担着促进农业专业化、规模化以及联系小生产与大市场的重任。韩国农协是由农民出资、代表农民利益的主要从事供销、信用、保险、农业经营和生产技术服务等方面的合作经营活动的合作经济组织。农协是韩国规模最大、服务项目最全、服务水平最高的农业社会化服务主体。韩国全国90%以上的农户都加入了农协。农协通过提供种子、化肥等产前社会化服务，除草、施肥、收割等产中社会化服务，以及收购、加工、储存、销售等产后社会化服务，同时通过创造农业发展需要的农业金融和保险、农业科学研究及技术推广环境，促进了农业生产的专业化分工，扩大了农户家庭经营规模，合理组织农民顺利进入市场，改善了农产品交换中的不平等地位，从而有效解决了小农生产与大市场的矛盾，促进了农业产业的快速发展。

韩国农业产业价值的实现在于：首先，"新村运动"为韩国塑造了现代农业市场主体，并通过土地关系改革与调整，将一个个小型家庭农场发展为适度规模的家庭农场，并在农业中广泛普及推广机械作业，大大提高农业劳动生产效率，从而体现规模化、机械化、专业化经济优势。其次，作为农业社会化服务主体的农协，通过提供产前、产中、产后社会化服务，并通过着力在农工地区发展乡镇企业集群，以推动农业产加销产业一体化经营，合理组织农民进入市场，从而有效解决小农经营的效率问题，促进农业产业的快速发展。最后，通过发展水稻、大豆等产业集聚和开发区域特色产品，发展园艺、蚕业、畜牧业等高附加值农业，以提升韩国农业产业竞争力，增加农

民收入。特别是通过高新技术与农业的产业融合，延长和拓宽农业产业链，以增加农业产业的增值机会，扩大增值空间，实现追逐农业产业链价值最大化的目标。

（二）巴西农业产业发展经验

巴西政府在推进农业发展的过程中，十分注重引导农户走专业化生产经营之路：首先，政府为农业专业化生产提供科学依据。巴西农科院利用自身的科技优势，在综合分析巴西近40年土壤、气候、植被、雨量等有关数据的基础上绘制出"巴西宏观生物图"，并在各州政府的支持下绘制出"巴西各地区农牧业和农牧加工业发展及环境保护行动规划图"，以此来指导农户进行农业区域专业化生产。其次，巴西科研机构专业性强，在科研成果的推广和技术服务上为农业专业化生产提供了强有力的技术支持。巴西农产品生产专业化程度非常高，特别是种子生产专业化程度更高，一般的农场（户）只生产一两个产品。如IBBL农场专门生产大豆种子，仅巴西农科院生产的种子就占全国种子出售总量的42%。农业专业化生产有利于提高农产品的质量和主栽品种更新换代的速度，有利于提高农产品商品率和劳动生产率，降低农产品生产成本。

巴西是一个资本主义市场经济国家，农产品交易规范、市场与生产有机结合。巴西通过以农工联合企业为主体的一体化和以农业合作社为主体的一体化并存的农业产业化组织，推动巴西农业由传统农业向现代农业转变。农工联合企业是巴西农村企业的主要经营形式，是集农牧业生产、农产品加工及商品交换于一体的"组合企业"。其具体经营形式主要有三种：一是工业资本家投资购置土地，自己直接从事农业生产、加工和销售活动；二是大土地所有者自己创办农产品加工企业，直接从事农产品加工、销售活动；三是政府机构与本土的私人资本或国外跨国公司联合，建立起大型的农工贸一体化联合企业从事农业生产、加工和销售活动。就农业合作社而言，巴西合作社本身不以营利为目的，只是一个向社员提供产、供、销及市场信息一条龙服务的经济联合体。巴西在农村建立的多种形式的农业合作社，起到了集零为整的作用，在避免农户零、小、散、乱且无序和盲目生产的同时，还在政府、市场和农民之间架起了一座直达的桥梁，以压缩中间环节和降低生产、流通成本，在推动农业生产、实现供销一体化和提供各种服务方面发挥了积极作用。总之，农业产业化是推动巴西现代农业发展的重要途径，大大加速了巴西农业现代化进程。

巴西是世界上适宜农、林、牧、渔各业全面发展的少数国家之一。为了发挥各个地区的比较优势，谋求农业生产经营的合理化，提高农业生产效率，巴西各个地区根据各自的自然和经济条件，安排适宜的农业生产，发展各个地区最有利可图的农产品商品，实行区域专业化生产。具体来说，就种植业而言，咖啡业是巴西国民经济的支柱产业，主要分布在圣保罗州、巴拉那州、米纳斯吉拉斯州；甘蔗主要分布在东北部沿海低地和圣保罗州等地；柑橘也主要产于圣保罗州；大豆则主要产于西南部的里奥格兰德州；棉花种植主要分布于圣保罗州、巴拉那州；可可则主要产于巴伊亚州。至于畜牧业，养牛业主要分布在圣保罗州、米纳斯吉拉斯州；养猪业主要在圣卡塔琳娜州；养鸡业则主要在南里奥格兰德州。可见，由于实施以优势农产品为重点的各具特色的农业区域化布局并在区内形成了产业集群，所以这种区域分工提高了农业生产效率，提升了整个巴西农业产业的竞争力。

巴西农业产业价值的实现在于：首先，巴西政府通过实施土地改革计划，调整土地关系，促进农业规模经营、集约经营，使得巴西农业产业发展主体表现为一家家大中型农场或一个个大中型农业企业。再通过政府的引导、参与，形成了规模化、专业化、机械化、集约化生产，大大提高了农业生产效率和产业竞争力。其次，政府大力研发、推广农业新技术，特别是广泛发展应用生物技术，以实现巴西农业的"效率革命"，并根据市场需求调整农业产业结构，大力发展生态农业、创汇农业以推动农业产业发展。再次，巴西通过以农工联合企业为主体的一体化和以农业合作社为主体的一体化并存的农业产业化组织，将生产与市场有机结合起来，推行促进农业生产、农产品加工、农产品销售的农业产业化经营，以推动巴西农业由传统农业向现代农业的转变。最后，巴西实施以优势农产品为重点的各具特色的农业区域化布局，并在区域内形成了农业产业集群，以利于获得规模效益，降低农业生产成本，形成一批有竞争力的产业带和产业链，从而大大提高了农业生产效率。

（三）印度农业产业经验

印度虽然实施的是以政府主导的市场经济模式，尚未形成全国统一、开放的市场，阻碍了农业生产要素的自由流动，但20世纪90年代印度政府实行了以自由化、市场化、全球化为方向的改革浪潮，为印度农业走向市场化、国际化等创造了契机。印度是小农经济和传统农业占有优势的国家，通过采用创办农工贸一体化合作社和以私营大公司为轴心、向农民订购初级产品加工后销售两种方法来促进农业产业化，使小农业有效走向市场，从而促进农业产业的发展。印度的农业合作组织网络发达，主要包括奶业合作社、农业信用合作社、农业销售合作社、加工和仓储合作社、耕种合作社和渔业合作社六种类型。印度的农业合作社主要有以下三个特点：入社自愿，民主管理；民办官助；以加工企业为核心，发展农村工业。这些特点使得印度的农业合作组织表现出极强的市场性。通过发挥农业合作社这一农业产业化主体的作用，有效地减轻了印度小农经营的劣势，增强了小农进入市场的竞争力，有力地推动了农业产供销一体化进程，加速了农业产业的发展。

印度农业产业实现价值的要点在于：首先，印度的农业产业发展市场主体是从小农经济发展而来的适合印度国情的适度规模的家庭农场，并通过五次科技革命使该种农业产业主体形成了适度规模化、机械化、专业化、集约化生产，农业生产效率得到提高，农业产业竞争力得到加强。其次，出于价值导向及农业产业价值最大化的追求，印度采用创办农工贸一体化合作社和以私营大公司为轴心、向农民订购初级产品加工后销售两种方法来促进农业产业化，使小农业有效走向市场，从而促进农业产业的发展。这里特别需要强调印度实施农村工业化推动农业产业一体化的模式。印度农村工业的发展，一方面迅速提高了农业生产资料供应等社会化服务水平，增强了农产品的加工、处理能力，从而实现了农产品价值增值，大大地改变了农业的弱质性特点；另一方面，农村工业的发展，扩大了农村就业，加快了剩余劳动力转移，大幅度地提高了从业农民的收入，在增加社会总财富的同时，也进一步增强了农业自身积累的能力。最后，印度根据各地的经济比较优势，建立起一系列农业产业集聚区，有力地促进了农业产业发展。

三、国外农业产业发展经验及启示

根据美国、法国、日本等发达国家发展农业产业的经验及韩国、巴西、印度等发展情形类似国家发展农业产业的经验，可以明显地看出，由于各国的自然资源、技术、经济、社会、政治及体制等因素的不同，上述世界各国发展农业产业的道路不尽相同，发展农业产业的方法也不完全一样，但还是可以看出上述国家的农业产业发展都具有一些共同的规律特征，并对中国的农业产业发展具有重要的借鉴作用。从产业链视角看，国外农业产业发展的经验及其启示可归纳为以下四个主要方面。

（一）企业链维度

美国、法国、日本、韩国、巴西、印度等国家发展农业产业的共同经验之一就是培育农业产业市场主体，主要是发展培育规模化、专业化和企业化的家庭农场。就规模化而言，美国是大规模农场经营的典型代表，巴西、法国等国以中等规模的农场经营为主，而日本、韩国、印度等国则主要是适度规模的小型家庭农场经营。就专业化来讲，美国、法国、日本等发达国家和韩国、巴西、印度等发展情形类似国家，都注意培育家庭农场专业化、农艺过程专业化和农业地区专业化来提高农业产业效益。就企业化而言，无论是美国、法国、日本，还是韩国、巴西、印度等国，都发展培育家庭农场，使其经营企业化，以便使家庭农场能够以市场为导向并根据市场需求安排农业生产经营计划，按企业规范化和标准化要求组织农业生产，迅速提高农产品的数量和质量，并按照工业产品的销售方式将这些农产品销售出去，以实现农业经济增长方式从粗放型向集约型的根本转变。

这条经验启示我们：要发展培育适度规模化、专业化和企业化的农业产业发展市场主体。但在人多地少、土地使用权平均配置、户均耕地面积只有0.44公顷的中国，土地和土地制度已成了中国农业产业发展的瓶颈。因此，发展中国农业的当务之急是要建立和完善土地流转机制，实现适度规模经营。在实现家庭农户经营适度规模化的基础上，进一步提高家庭农户生产专业化、作业专业化水平，以及用现代科学技术、现代技术装备和现代科学管理来提高自己的企业化水平。尤其要根据中国的自然资源、经济、社会、政治及体制等因素，在充分考虑前面已经分析过的四个农业产业发展市场主体影响因素的基础上，发展适度规模的家庭农场这一农业产业市场主体，并把它纳入规模化、专业化、企业化、科学化、组织化、社会化、市场化生产之中，以实现中国传统农业向现代农业的转变。

（二）供需链维度

美国、法国、日本、韩国、巴西、印度等国农业产业发展的另一条经验，在于这些国家都是市场经济国家,形成了全国统一、开放的商品市场、劳动力市场和发达的金融市场(像印度等国虽然还未形成全国统一、规范、开放的市场,但也在为此目标努力,同时从另一个侧面反映了印度农业相比较不够发达的原因),确保农业生产要素资源的自由流动,以便实现市场对农业生产要素资源的优化配置,提高农业产业效率。完备的市场体系和市场运作机制是推动各国农业产业发展的动力所在。在各国农业产业发展的过程中,随着上述各国农业规模化、专业化的发展,一方面通过大力发展多层次、多元化的农业生产社会化服务,以便为各国农业专业化的发展提供全方位的社会化服务,从而大大降低农业经营风险,提高整个农业生产水平。另一方面,通过发展以农工商联合体或农业合作社等为主体的农业产业一体化,紧密联系农业的生产与经营,引导农户顺利走向市场,推动农业产供销一体化进程,从而加速农业产业的发展。可见,通过农业产业一体化促进农业产业发展是各国农业产业发展的共同特征。

上述经验启示我们:一方面,要借鉴美国、法国、日本等国的经验,在推进中国农业由传统农业向现代农业转变的过程中,要建立统一、开放、有序的市场体系,进行一系列政府职能的创新,充分发挥市场对农业资源配置的基础作用,促进农业生产要素的自由流动,以加快农业产业的发展。另一方面,为解决中国小农家庭生产与大市场的矛盾,提高农业生产效率,增强农业产业竞争力,必须完善合作社体系建设,创新以合作社为主体的农业产业一体化模式,将农业的供产销各个环节一体化,以实现农业生产与市场的良好对接。

(三)空间链维度

美国的玉米、大豆等八个专业化农业生产带闻名遐迩;日本青森、长野县的苹果也是声名远播;法国地中海沿岸波尔多的葡萄也是无人不知;巴西圣保罗州盛产咖啡恐怕也是无人不晓。美国的分子农业、太空农业,日本的超级型农业,印度的蓝色农业等也为公众所熟知,这一切都源于这些国家注意通过市场手段、政策支持等促进农业产业区域化布局,发展农业产业融合。可见,美国、法国、日本、韩国、巴西、印度等国基本上都通过实施农业区域化布局和发展农业产业融合来促进各自国家的农业产业发展。虽然农业区域化布局和农业产业融合在各个国家发展得并不平衡,甚至个别国家有的发展还较慢，但各个国家、各个地区根据自己独特的农业资源禀赋条件，在自己具有农业资源比较优势的经济区域内选择某种或某几种农产品，实现主导产品的区域化生产，而且通过高新技术与农业产业融合形成高科技型农业。这成了上述六国促进农业产业发展、提高农业产业竞争力的共同特征。

上述经验启示我们：第一，要根据中国各个地区的资源禀赋、自然条件、技术发展、经济状况以及种植传统和耕作习惯等，按照优势农产品生产和市场的地域性，科学合理地规划区域农业产业布局，逐步形成优势农产品的区域产业集群，以提高农业生产效率；要围绕该区优势农产品的生产，发展优势农产品加工业集聚，使区域优势农产品的生产、加工、流通诸环节协调发展，以提高农产品的附加值，提高产、加、销一体化水平。第二，要通过产、加、销一体化的产业纵向融合延长中国的农业产业链，通过高新技术与农业产业融合形成高科技型农业的产业横向融合，拓宽农业产业链，以此促进和推动中国传统农业产业转型升级，加快实现农业现代化的进程。

（四）价值链维度

为了追逐农业产业效益最大化，实现农业产业的快速发展，一方面，美国、法国、日本、韩国、巴西等国以较完善的市场体系为导向，不约而同地以规模化、专业化、企业化经营的家庭农场为主体，开展农业区域化生产，发展农业产业集群和农业产业融合，以提高农业产业价值链各链环主体的农业产业效益；另一方面，美国、法国、日本、韩国、巴西、印度等国通过缔造上连市场、下连农户、保证农产品的增值和以销售农产品加工业（特别是食品加工业）为代表的农村工业，促进农业产业纵向联合和农业产业一体化经营，实现生产与市场的良好对接，提高农业生产、加工、销售整条农业产业价值链水平，从而实现整条农业产业链价值最大化。

上述经验启示我们：只有将中国农业锁定在产业链的中游中后端相对附加值增加空间较大、保值增值效益较高的农产品加工环节，参照法国、巴西特别是韩国、印度等国发展以农产品加工业为代表的乡镇企业推动农业产业一体化和农村工业化发展的做法，大力发展以农产品加工业为代表的乡镇企业，推动农业产业链中产加销各环节价值的最大化，尤其是实现涵盖第一、二、三产业的产加销整条产业链价值最大化，才能达成农业农村经济发展效益最大化的目标。

第二节　产业链视角下中国农业产业发展机制及途径研究

一、产业链视角下中国农业产业发展机制分析

（一）农业、工业、服务业所组成产业链拓展维度确定及依据

农业产业发展的本质是发展产业链。产业链包含价值链、企业链、供需链和空间链四个维度。从宏观的角度，将农业产业放在由第一产业、第二产业和第三产业组成的三大产业链中进行分析，分别从产业链的企业链、供需链、空间链、价值链四个相互影响、相互制约的维度探讨如何提高农业产业效率。实现从传统农业向现代农业的转变，是一种发展中国现代农业的有价值的思路。基于农业、工业、服务业组成的三大产业链视角分析，产业链中的企业链维度表明，由农业、工业、服务业组成的产业链的各链环主体是产业，强调农业产业发展主体与工业、服务业主体一样应是企业；供需链维度是指农业产业与工业和服务业产业之间满足彼此供应和需求的契约关系，强调统一、开放、有序的农业产业发展市场体系；空间链维度则是指农业产业在由农业、工业、服务业组成的产业链上的地理空间布局特性，强调农业、工业、服务业产业一体化和农业与工业、服务业的产业融合；价值链维度是指从工业为农业提供生产资料、服务业为农业提供各项服务到农业产品的价值传递和增值过程，强调价值的增值及分配，体现大产业链中各节点的价值目标和动力。

（二）中国农业产业发展的产业链四维拓展模型分析

农业产业涉及国民经济第一、二、三产业的多个部门，产业链条长、覆盖范围广。因此，就产业链视角下中国农业产业发展模型而言，没有现成的发展模型可直接套用。基于上述对农业、工业、服务业所组成产业链的四维拓展模型和前面有关产业链的理论分析，考虑农业产业的多重功能和使命，本书拟从所确定的企业链、供需链、空间链和价值链四个维度提出产业链视角下中国农业产业发展模型。

首先，从企业链维度看，中国农业、工业、服务业产业链上的农业产业链环主体应和工业、服务业链环主体一样，是组织化程度较高的企业。因为只有中国农业产业主体组织化、企业化程度较高，才能与工业、服务业主体平等协作，获得协同效应。这种协同效应一方面可通过提高在农业产业内生

产相同农产品的生产环节的组织化程度进行生产协同;另一方面,农业产业向后延伸到服务业和向前延伸到工业产业,可以强化农业产加销各环节的配合,从而获得协同效应。

其次,从供需链维度看,中国农业、工业、服务业产业链上的服务业与农业、农业与工业各环节互为供需,服务业的产出就是农业的投入,农业的产出就是工业的投入,所以服务业与农业、农业与工业各环节要相互匹配。如果上游服务业与下游农业环节或者上游的农业与下游的工业的接口口径基本一致,就可避免上游环节粗、下游环节细或者下游环节粗、上游环节细所带来的生产要素资源的浪费,从而在农业、工业和服务业产业链的内部保证资源的合理配置和高效。

再次,从空间链维度看,中国农业、工业、服务业产业链上的服务业与农业、农业与工业各环节应尽量分布在一个合适的地理区域内并尽量构建成完整的产业链条。如果中国服务业与农业、农业与工业各环节之间的空间距离较远,或者说没有构建一条农业、工业和服务业的完整的产业链,就会增加中国农业、工业和服务业间的交易成本,也不利于中国农业产业集群发展和产生农业产业集群效应。

最后,从价值链维度看,因为产业链是基于农业、工业、服务业各环节相互联系、相互作用并相互制约的产业关联关系,所以中国农业、工业、服务业产业主体会因产业链条的紧密关联协同所产生的产业关联效应和协同效应而降低产业间的耦合成本,也会因农业、工业、服务业上下游环节之间外部交易内部化而使得交易费用降低、产业间耦合成本和交易费用降低,进而使中国农业、工业、服务业产业链上的包括农业产业在内的链环主体获得更大的利益,从而实现整条产业链条的价值最大化。

二、产业链视角下中国农业产业发展问题分析

(一)中国农业产业发展的主要问题

基于产业链的视角,可将中国农业产业发展的主要问题归纳如下。

首先,从企业链维度看,由于当下农业产业发展主体为家庭农户和合同生产模式、合作社模式、公司企业模式等,各种各样的农业产业组织的组织化、企业化程度较低,难以平等地实现与工业、服务业的生产协同。

其次,从供需链维度看,中国还没有建立统一、开放、有序的商品市场,

导致生产要素资源在农业、工业和服务业产业间的配置不合理，结果带来了生产要素资源的浪费，加剧了农业生产要素资源的紧张状况。加上中国农产品流通中存在诸多问题，使得农产品的供给与需求矛盾更加尖锐，严重影响了工业和服务业的发展，工业和服务业的滞后发展反过来又会阻碍农业产业的进一步发展。

再次，从空间链维度看，由于受中国工业、服务业发展水平的制约和影响，就农业产业纵向融合和农业产业一体化而言，虽然中国农业供、产、加、销环节纵向融合加快，上游的辅助性、原料性企业和下游的销售、服务性企业已经进入，但一方面这些企业的数量少、规模也不大，另一方面，农业供、产、加、销环节产业联系不紧密，利益联结机制不完善，农业与工业、服务业的产业集群协同效应不强，易发生机会主义行为。就农业产业横向融合而言，虽然自20世纪80年代以来农业产业开始出现横向融合，产生了精确农业、工厂化农业、分子农业、太空农业等，增加了农业产业的横向增值机会，但由于受到体制、资金、技术、人才等方面的制约，中国的农业产业横向融合仍处于起步阶段，分子农业、快速农业、白色农业、蓝色农业等高科技农业仍有很大的发展空间。

最后，从价值链维度看，中国的工农产品价格剪刀差将长期存在，这种价格机制将使农业、工业产业的发展差距进一步拉大，使得农业、工业、服务业产业间的产业关联效应和协同效应降低，从而使得农业、工业、服务业产业间的耦合成本和交易费用增加，使产业链上的链环主体农业、工业、服务业获得的利益相应变少，从而影响整条产业链条价值最大化的实现，这也自然会影响农业产业追逐价值最大化目标。

（二）中国农业产业发展的核心问题

基于产业链视角，中国农业产业发展的原始动因就是要实现农业产业利益的最大化。实现中国农业产业利益最大化有两条基本的路径：一是受价值增值的驱动，农业产业本身横向发展，实现农业生产规模化，以获得规模经济效益；二是受价值增值导向，农业产业上下延伸与工业、服务业融合，以获得农业产业价值保值、增值。在农业产业上下延伸与工业、服务业融合的过程中，尽可能减少农业与工业、服务业的耦合成本，以追逐农业、工业、服务业产业链整体链条价值最大化，从而实现农业产业利益最大化。

中国农业产业发展的核心问题是价值链问题，理由如下：从企业链维度看，中国农业产业发展的问题主要是农业产业的发展主体大多是农户、农民合作社等组织化程度不高的组织，并且大多不是企业，难以获得与工业、服务业主体平等的地位，因而要求农业通过规模化、组织化生产等手段增强自身的产业竞争力；从供需链维度看，二元市场的存在，未能形成全国统一的生产要素市场和商品市场，使得农业与工业、服务业间的供需关系存在问题，难以使农业与工业、服务业间互相满足彼此的供应和需求关系，影响了生产要素资源的合理有效配置；从空间链维度看，由于一些体制、机制的原因，中国农业与工业、服务业融合的农业产业一体化和农业与高新技术的融合进程不快，农业与工业、服务业的完整的产业链条并未构成，农业产业空间布局还有很大的优化空间；从价值链维度看，由于工农产品价格剪刀差的存在，农业、工业、服务业的价值分配存在明显的不公，使得从农业生产原料到农产品或服务的价值传递和增值过程出现严重扭曲，表现为现阶段中国的农业产业仍处于农业、工业、服务业大产业链的价值链低端。

价值增值是农业产业向前延伸到工业、向后延伸到服务业的价值导向，也是农业产业主体生产组织化、规模化的价值导向。这表明产业价值链是企业链、供需链和空间链的价值导向，即企业链的发展、供需链的完善、空间链的优化，目的只有一个，那就是使产业价值链得到发展。因此，发展企业链提高农业产业组织化程度，完善供需链，有效配置生产要素资源，优化空间链，构建农业与工业、服务业的完整的产业链条等归根到底都是为了实现从农业到工业、服务业的价值传递和增值，努力实现农业、工业、服务业大产业链价值最大化。由此可见，中国农业产业发展的核心问题是价值链问题，是如何实现农业、工业、服务业大产业链价值最大化的问题。

三、产业链视角下中国农业产业发展路径分析

（一）从企业链维度看，要提高农业产业组织化水平

既然从企业链维度看，农业产业组织化程度低，阻碍了中国农业产业的发展，那么要发展中国农业产业，就必须进行组织创新，以提高农业产业组织化水平。中国资源禀赋状况和农村社会经济发展水平决定了现阶段农户家庭是中国农业生产的核心，而面对一家一户的分散生产与千变万化的大市场之间日益突出的矛盾，只有创新符合市场需求的农业产业组织体系，才能把

广大农民组织起来,变一家一户的小生产为社会化大生产,从而提高小农家庭生产效率,解决分散生产与千变万化的大市场之间的矛盾。市场主导型合作经济组织和企业主导型一体化经济组织是联系农户与市场的纽带,各种合作经济组织是农业产业组织的主体,政府主导型公共服务部门是农业产业组织体系的重要组成部分。由于各地资源状况、生产力水平、技术水平和市场发育程度等因素不同,各地要根据上述这些具体条件和实际需要来创新农业产业组织。又由于任何类型的经济组织总是处于相应的环境之中,所以组织创新还要注意与其所处的特定环境相容这样一个问题,即利益相容、激励相容、时间相容、空间相容和信息相容问题,否则任何组织创新都是不可能实现的。

(二)从供需链维度看,要建立统一、开放、竞争、有序的市场体系

从供需链维度看,二元市场影响全国统一市场体系的建立,阻碍了农业生产要素资源的合理配置,不利于农业产业的发展。那么,在推进中国农业由传统农业向现代农业转变的过程中,要进行制度创新,转变政府职能,充分发挥市场对农业资源配置的基础作用。只有建立全国统一、开放、有序的包括生产要素市场和商品市场在内的市场体系,才能充分发挥市场对农业生产要素资源配置的基础性作用,提高农业生产要素资源的配置效益。具体需做好以下几个方面的工作:首先,根据中国土地实际情况,完善农村土地流转制度,在坚持家庭承包经营的前提下,采取租赁等形式实现农地的适度规模经营。其次,建立健全的、覆盖全国的多层次农业金融体系,以满足不同企业、农户对农业资金的迫切需求。再次,创新农业技术开发推广制度。各科研院所要加快农业应用课题和实用技术的开发推广,以指导帮助农民用现代科学技术武装农业发展生产,健全农业市场信息收集发布制度。各级政府职能部门以及商会、协会等各行业组织要尽可能收集包括市场在内的各方面信息并及时准确地提供给农户,以便为其生产经营决策服务。最后,建立农村劳动力顺畅转移制度。清除由城乡二元结构所带来的阻碍劳动力顺畅转移的各种障碍,建立起城乡统一的劳动力市场,实现劳动力生产要素的自由流动,为农业产业发展创造有利条件。

(三)从空间链维度看,要统一规划、协调农业产业布局

既然从空间链维度看,不完善的社会主义市场经济体制和政治体制是影

响农业产业空间布局进一步优化的因素,那么要优化农业产业布局以推进中国农业现代化进程,就必须进行体制创新,完善社会主义市场经济体制,加快政治体制改革进程。首先,要完善社会主义市场经济体制,建立全国统一、开放、竞争有序的市场体系,形成土地、资本、劳动力等生产要素资源优化配置的市场环境。其次,加快政治体制改革进程,改革多头管理农业及农业产业布局的行政体制,建立一套统一规划、管理协调的农业产业布局行政体制,以强化农业产业空间布局的统一规划和管理。具体要做好两个方面的工作:首先,一方面要根据中国各个地区自然资源和经济资源优势,按照优势农产品生产和市场的地域性,科学合理地规划区域农业产业布局,逐步形成优势农产品的区域产业集群,以提高规模经济效益;另一方面,围绕该区域优势农产品的生产,发展该优势农产品加工业集聚,使区域优势农产品的生产、加工、流通诸环节协调发展,以加速中国农业产业的发展。其次,要高度重视科技进步在农业产业融合发展中的重要作用,通过产业纵向融合延长中国的农业产业链,使得农业产业从纯农产品生产领域延伸到加工和服务等,实现增大第二、三产业领域纵向增值空间的目的,通过产业横向融合实现拓宽农业产业链,使农业产业从单一的农业发展平台扩展到服务、高新技术等产业领域,以此推动中国传统农业产业转型升级,加快农业现代化进程。

(四)从价值链维度看,要统筹工农业协调发展

从价值链维度看,农业处于农业、工业和服务业组成的产业链价值的低端。因此,要发展中国农业,就必须进行机制创新,统筹协调发展农业、工业和服务业产业,以实现农业、工业和服务业产业链整体价值最大化。首先,统筹工农业发展。工农业统筹发展首先要考虑的是工农业产业生产要素统筹。工农业产业生产要素统筹对象应是土地、资金、劳动力、技术、管理等。在土地使用上,工业用地应尽量少占用耕地,以保持农业最基本的生产资料耕地面积的动态平衡;在资金的投入上,国家要根据国民经济的增长和财力的增加,相应地增加对农业的投资;就劳动力而言,中国农村剩余劳动力多,这就要求政府在大力发展资本和技术密集型产业时重视能够吸纳较多农村剩余劳动力的劳动密集型工业;在技术方面,国家要积极引导工业为农业提供先进的技术和机器设备以武装农业;在宏观管理方面,国家要适时调整工农产品比价,消除工农产品价格剪刀差,以改变长期存在的"重工轻农"不良

倾向。其次,统筹农业与服务业发展。统筹农业与服务业发展,关键是要大力发展服务业。

根据服务业的层次划分,大力发展服务业,主要应加强四个方面的工作:第一,加快交通运输业、邮电通信业、物资供销业和仓储业等流通部门的建设和发展,为化肥、农机具等农用生产资料的物资流动畅通渠道,以降低农业产业的生产成本,通过农产品的销售物流顺利实现农产品的价值最大化。第二,加快金融业、保险业、咨询信息业和各类技术服务业等为生产和生活服务的部门的建设和发展,以保障农业产业发展所需。第三,加快教育文化、科学研究、卫生体育等为提高居民科学文化水平和居民身体素质服务的部门的发展,以培养和造就一大批高素质的社会主义新型农业劳动者。第四,加快包括国家机关、党政机关、社会团体等为社会公共需要服务的部门的改革和发展,以适应社会主义市场农业发展的要求。总之,想要推动服务业的发展再上一个新的台阶,就要为改造传统农业提供技术、资本、制度和教育四个基本要素,以便加快传统农业向现代农业转变。

第三节　产业链视角下中国农业产业发展的对策

基于产业链的四个维度,中国农业产业应致力于培育现代农业产业,发展市场主体,促进农业生产经营集约化、专业化、组织化、社会化;要建立开放、统一、有序的市场体系,促进农业生产要素优化配置,提高农业生产效率;要不断优化农业产业空间布局,促进农业产业集群、农业产业融合,增强农业产业竞争力;要大力推进以农民合作社为主体发展农产品加工业的农业产业化经营,实现农业产业链整体价值最大化。

一、培育现代农业产业发展市场主体

要发展现代农业,就必须培育现代农业产业发展的市场主体,而要培育中国现代农业产业发展的市场主体,就必须从培育农业市场主体发展环境条件和发展能力两个方面加以考虑。

(一)培育农业市场主体发展的环境条件

1. 完善农业市场主体发展的市场条件

市场经济条件下,农户作为独立自主的农业市场主体,享有根据市场的

需求独立进行生产、经营决策的权力。而要完成生产、经营决策，追逐利润最大化的目标，就需要具备必需的生产要素资源和便利的商品流通两个条件。因此，需要从土地、劳动力、资金等主要生产要素资源和农用生产资料、农产品流通等两方面完善农业市场主体发展的市场条件。只有通过这两个方面的改革创新，促进生产要素资源及商品的顺畅流动，才能为加快农业市场主体成长提供良好的制度环境。

2. 完善服务，支持发展农民合作社等组织

在市场经济条件下，分散的农户家庭经营无力与组织化、社会化程度较高的大企业、大公司竞争，也无法解决千家万户生产与千变万化的市场之间的衔接问题。所以，必须依据市场化要求和经济利益原则，把分散的农户家庭生产经营单位组织起来，组建多种形式的农产品生产、加工、销售合作社等农业产业组织，从而使农户分散的土地、资金和劳动力等生产要素在较大的范围内和较高的层面上有效地组合起来，形成社会化的生产组织，从而使分散的农户能够联合起来有序地进入市场。

近年来，中国虽然出现了类型多样的农民专业合作社经济组织，但由于缺乏有力的政府扶持和引导，农民合作社经济组织发展不规范，作用也不十分显著。所以，必须通过法律、政策等途径扶持农民合作社等组织发育和形成，鼓励农户按照自愿原则参与到"农有、农治、农享"的农民合作社等组织中来。即要贯彻落实农民合作社，就要通过出台一系列相关配套法规和财政扶持、税收优惠、信贷保险等政策措施，充分发挥农村能人或专业大户的示范带动作用，引导农民开展各种形式的合作，鼓励农产品流通加工。企业与农户通过合同关系或股份合作关系相互连接，形成"公司＋合作社＋农户"的产业化合作模式，鼓励县、乡农技推广部门牵头领办合作社等，发展培育围绕农产品加工、流通、服务等多种形式的农业专业合作经济组织，充分发挥各类农民合作社组织在服务农民、落实政策、对接市场等方面的作用，以提高农民的组织化程度，增强市场竞争力。

3. 建立、健全农业科技研究、开发和推广体系

中国人多地少，人均资源占有量低，农业生产资源的约束性较大，农业发展的根本出路在科技。然而，中国农业科学技术水平还不高，农业科技创新不足，科技与经济脱节，农业投入得不到保障，农业推广体系"网破、线断、

人散"等问题较突出,极大地阻碍了中国农业的可持续发展。因此,必须采取切实有效的政策措施,创新农业科技体制机制,加大农业技术研发、推广力度,加快农业科技成果转化,以提高农业劳动生产率。具体措施主要有:提高研究经费在 GDP 中的比例,加强高产、优质、高效、生态、安全的农作物优良品种研发和中小型农用机械、化肥、农药、节水灌溉技术以及农产品精深加工等现代农业关键技术的攻关研发;根据农业科研机构的纯公益性、准公益性和非公益性性质,进行分级、分类指导和改革,建立、健全农业科技创新体制机制;适应新形势要求,改革、完善农业科技推广体系,强化农业科技推广力度,提高农业科技成果的转化率。

4. 增加财政投入,加强农业基础设施建设

由于二元经济结构的硬约束,中国农村农田水利基础设施建设投资长期不足。据统计,当前,中国财政农业支出占农业产值的比重约为 5%,导致农业基础设施老化陈旧,制约了农业产业的发展。为此,我们要按照《中华人民共和国农业法》的要求,切实增加公共财政投入,逐年提高预算内农业基本建设投资等财政支农资金用于农业的比重,切实保证国家对农业投入的增长速度高于财政经常性预算收入增长的速度,充分发挥基础设施为农业"保驾护航"的作用,顺利推动农业发展。加强农业基础设施建设具体要做好以下几方面的工作:首先,切实抓好农田水利基本建设。重点加快大型灌区续建配套和节水改造工程建设,加大对年久失修的病险水库除险加固和修复力度,使其发挥应有的防洪防旱功能,扩大有效灌溉面积。其次,守住 18 亿亩耕地红线①,切实提高和改善耕地质量。一方面,要强化农用耕地主管部门首长负责制,管控农用地转为建设用地的规模,牢牢守住 18 亿亩耕地红线;另一方面,要配合农田水利设施建设,加快建设旱涝保收、高产稳产的高标准农田,继续实施沃土工程,增加土壤的有机质,切实提高和改善耕地质量。再次,持续支持以植树种草、水土保持、防沙治沙和退耕返林、返草、返渔为重点的农业生态环境建设,为中国农业的持续稳定发展创造良好的生态环境。最后,继续支持加强气象防灾减灾服务设施建设,强化重大农业自然灾害的预警预报能力和气象资源的合理开发、利用和保护工作,更好地为农业生产和国民经济服务。

---

① 1 亩合 666.7 平方米。

(二）培育农业市场主体的发展能力

上面提出要从土地、劳动力、资金等主要生产要素资源和农用生产资料、农产品流通等两个方面完善农业市场主体发展的市场条件，但要发展市场农业，更应该培育农业市场主体的发展能力，即通过教育、培训发展其生产技术能力、经营能力，以达到提高农业生产效率、促进农业产业发展的目的。

1. 开展职业技能培训，提高农业市场主体的生产技术能力

农业市场主体的生产技术能力，在很大程度上影响着农业生产的效率。要提高农业市场主体的生产技术能力，就必须对农业市场主体的核心——农民进行职业技能培训，而对农民的职业技能培训则要坚持分类培训、注重实效的原则，原因在于中国农村地域广阔，农民成分角色复杂多样，产业优势各具特色，对农业科学技术的需求多样。这就要求培训部门要针对传统农民、兼业农民、专业农民、职业农民等不同对象的不同科技水平和科技需求，进行分类的科技指导和培训。因此，根据现阶段中国农业的发展特征及农民的实际情况，重点应从以下几方面开展职业技能培训：除了要对农民普遍进行农产品质量全程监管技术、农业废弃物再利用技术、农村有机废弃物再利用技术、农村能源生态模式、节约型农业技术、农业资源保护技术、农作物生产机械化技术、高效植保机械化技术、农机节能技术、多功能田园管理机械化技术及其他农业机械技术培训外，还要分专业开展有针对性的专业技能培训，即对于专业从事水稻等粮食作物的农民，还要进行农作物优质高产新技术、提高耕地质量的农艺技术培训；对于主要从事养殖的专业农民，则主要进行动物健康养殖技术、动物疫病防治技术、禽畜产品加工技术、水生动物养殖技术、水生动物疫病防治技术、水产品储藏加工技术、重大动物疫病防控技术、高发重大动物疫病的防控技术、畜医畜药的管理技术培训等；对于那些主要从事经济作物种植的农户，主要进行高效经济作物生产新技术、园艺作物生产新技术的培训等。

2. 强化经营素质培训，提高农业市场主体的经营能力

市场经济条件下，生产什么产品、为谁生产、采取什么方式销售产品等，这些经营决策决定着所生产的产品能否销售出去、产品的价值能否得到体现、生产的目的能否达到。因此，除了要提高农业市场主体的生产能力之外，还应该提高农业市场主体的经营能力，这样才能实现农业生产的目的。

因此，要通过农村职业教育体系、农业技术培训基地，依托"新型农民创业培植工程""星火科技培训专项行动"等几大"农业工程"，强化对农业市场主体的经营素质培训，提高其经营能力。一方面要对农民进行社会主义市场经济理论知识的培训，使广大农民懂得市场经济的一般价值规律、供求规律、竞争规律等，理解市场经济条件下市场是资源配置的基础方式和手段，并自觉运用市场手段配置农业生产要素资源，开展农业生产活动，生产出满足消费者需求的农产品；另一方面，要对农民进行市场营销方面的知识培训，让其了解市场营销的基本原理和基本知识，从而掌握产品开发、产品定价、市场开拓策略以及广告营销、渠道营销、文化营销、绿色营销、整点营销等方面的营销技术，从而提高农业生产市场主体的经营能力，迅速地将已生产的满足消费者需求的农产品销售出去，以取得最大的农业经济效益。这里需要特别指出的是，要根据中国农业产业发展的实际，注意强化对农民进行农业产业化经营、农民专业合作等经营知识的指导培训，使农民懂得通过专业合作进行农业产业化经营，将农业生产与市场连接起来，从而解决中国小农生产与大市场之间的矛盾，降低农业生产成本，提高农业生产效率，促进农业产业发展。

二、建立开放、统一、竞争、有序的市场体系

农业生产要素市场和农产品流通市场的不完善，严重制约了中国农业产业的发展。因此，要发展农业产业，就必须建立起包括生产要素市场和商品市场特别是农产品市场在内的城乡统一、开放、有序的市场体系，以促进农业生产要素资源的优化配置和农产品的顺畅流通，从而提高农业生产效率。

（一）农业生产要素市场

1. 土地要素市场

针对当下中国土地供给与需求存在的诸多问题，我们可以采取以下几个方面的措施，来创新农村土地管理机制，激活农村土地要素。

（1）强化农户土地承包权，使承包权法律化

我国实行农村土地承包经营制度，因此要以《中华人民共和国物权法》为依据，杜绝侵害农民土地承包权的现象，要进一步从法律上完善该制度，使农地产权上升到法权的形态，特别是要强化农户承包的地块、面积、合同和证书的"四到户"水平，进一步提高承包合同的签订率和经营权证的发放

率，完善土地承包合同登记、备案和档案管理制度，建立健全土地承包纠纷的调处机制，确保农民享有完整的、长期的土地承包经营权。可喜的是，该项工作现正在全国有序推进。

（2）创新农村土地管理，使土地流转市场化

效益原则认为流转是一切稀有资源优化配置和有效利用的必要条件。在市场经济条件下，农地作为一种稀缺的基本生产要素资源，只有同劳动力、资金、技术等其他生产要素一样流动，才能实现诸生产要素之间的优化组合，提高土地的利用效率。因此，首先，政府要加强对农村土地的宏观调控，强化土地利用总体规划和集镇建设规划，严格执行各类用地规划和土地使用标准，严格执行闲置土地处置政策，坚决制止耕地撂荒行为。其次，确立农民的市场经济主体地位和根据耕地占用成本确立科学、合理的耕地补偿标准，让农民能够平等地依据科学、合理的耕地补偿标准参与市场交易活动，从而避免土地被廉价或无偿占用，减少土地的无序流动。最后，完善土地转让制度，建立土地一级拍卖市场，使土地价格形成机制公平合理。因此，当务之急是建立农地流转的市场中介组织，规范土地市场流转，从而降低农地流转中的市场交易成本，依靠价格机制的引领，使农民自愿将土地流转出去，以便发展集约型高效农业。

（3）保证耕地资源不减少，并切实提高耕地质量

在快速推进工业化、城镇化过程中，优质耕地被占用、以劣质用地指标置换优质耕地、耕地闲置等诸多怪现象大量存在，导致大量优质耕地资源流失。为此，要从制度上着手，从两个方面采取有效措施：一方面，从制度上加强对农地非农化的控制和管理，严格执行耕地统计标准，坚决杜绝耕地面积虚报，坚决守住18亿亩农地红线。另一方面，在保持耕地总量动态平衡的基础上，切实提高耕地质量。主要措施有加强农田水利等基础设施建设，大力发展大中小型农田水利，完善田间水利、机耕道路等基础设施配套建设，并切实加强、增加有效灌溉面积和高效产田示范区建设；要大力推广测土配方施肥和免耕、绿服种植、秸秆覆盖等耕地培服和保护性耕作技术，加快中低产田的改造，有效控制农业面源污染。

2. 劳动力要素

现阶段中国农业劳动力资源在数量上相当富裕，供过于求，而在质量上

却显得有些不足,往往存在供不应求的结构问题,我们可以采取的对策如下。

(1)发展农村基础教育,着力提高农村人力资源的总体质量水平

农业劳动力的质量状况很大程度上取决于农村教育的普及状况,因此要提高农村人力资源总体质量水平,最主要的是强化农村九年义务教育,普遍提高农村人力资源的文化素质。

(2)加大投入,完善管理,培养社会主义新型农民

众所周知,人力资本是改造传统农业、获得经济增长和发展的主要动力。因此,首先,要加大对农村人力资本的投资力度。农村人力资本投资需要国家进行财政直补并随着经济的发展逐步加大农村教育投资力度,构建农村基础教育体系、农村职业技术教育、农村成人教育体系、高校农业教育等四大教育体系相互配合的立体农村教育体系,使农民真正能够实现终身学习和教育,切实提高农村人力资源的质量水平。其次,完善农村人才管理机制。国家应适时推出更具针对性的就业指导政策,鼓励高素质的农村劳动力在本乡、本土就业创业,特别是要出台吸引大学毕业生回乡创业的优惠政策,大大提高农村人力资本质量;还要进一步抓好农村实用人才的选拔、培训、管理、服务工作,特别是要对农村实用人才的人事代理、专业技术职称评聘、社会保障等方面给予政策倾斜,以解除其后顾之忧。最后,进一步整合培训资源,建立省、市、县、乡、村五级培育网络,培育社会主义新型农民。依照市场的参与程度从小到大排序,中国农民可划分为传统农民、兼业农民、专业农民和职业农民四种不同类型。社会主义新型农民主要指专业农民和职业农民,即严格意义上的现代农民或农民企业家。这就要求我们进一步整合培训资源,按照五级培育网络分级分类培训的原则,整体推进社会主义新型农民培训工作。省、市建立职业农民培训中心,通过对重点村社干部、专业农民进行长期和短期培训以及参观性培训,培养他们的创新精神、责任意识、风险意识,使之具备一个企业家的精神;县、乡镇建立专业农民培训学校,通过对重点专业致富能手培训现代实用农业科技、市场意识和经营管理等知识,使之具备较好地参与市场经营的能力;村一级则建立农民培训点,主要结合农业生产实际,培训实用农业技术,为培育社会主义新型农民储备力量。

3. 资金要素市场

针对当下中国农村、农业资金需求远远大于供给、供需矛盾突出等很多

问题，我们可以采取以下几个方面的措施来创新农村农业资金管理机制，激活农村农业资金要素。

（1）制度创新，加大资金供给力度，满足农业农村资金需求

政府要站在统筹城乡发展的高度，发挥对市场缺失的弥补作用，通过制度创新，建立市场主导与政策扶持相结合的城乡资金供给体系，综合运用法律和财税政策等调控手段，加大资金供给力度，以满足农业农村资金需求。首先，加大财政支农的力度。中国的国情决定了不断加大财政对农业的投入始终是缓解农业资金紧张的重要渠道。所以要继续坚持对农业、农村实施的"多予、少取、放活"方针，加大公共财政对农业、农村投入的力度，扩大公共财政覆盖农村的范围，从根本上解决农业资金供需不平衡的矛盾。其次，进一步完善支农政策，创新农村资金来源渠道；建立完善农业投入激励机制，通过税收、补贴、贴息、担保、土地抵押、差别货币政策等方式以及按照"谁投资、谁经营、谁收益"的原则，引导并刺激银行信贷资金、外资、民资、工商资本等社会资本投入农业，增加农业资金的供给。最后，从制度层面确立农业发展资金的回流渠道，防止农业资金净流出。可通过规章制度等形式规定设在农村的所有金融机构在保证资金安全的前提下，必须将新吸收的存款主要用于当地贷款发放，支持当地农业和农村经济发展。其中，特别是要扩大邮政储蓄银行资金的自主运用范围，建立引导邮政储蓄银行资金返还农村的回流机制。

（2）组织创新，完善农村金融组织体系，为资金供给提供组织保障

从农村农业金融需求多样性出发，依据多种产权、多种组织、正规与非正规等多种形式并存的原则，进行农业农村金融组织创新，完善农村金融组织体系，为资金供给提供组织保障。首先，创新建立符合中国地区差异大和农业生产力发展不平衡的特点的复合型农村金融模式。该种模式由类似国有银行这样的正规金融机构和包括合作性金融机构、政策性金融机构、商业性金融机构以及其他涉农基金等在内的小额信贷公司共同承担提供农业信贷资金。采用复合型模式既可以发挥政府的调控作用，又可以发挥市场的调节作用，使得各类金融机构在服务"立农"中互相补充、相互促进，以满足农民多样化金融需求。其次，重组适应农业发展的金融组织体系。应继续合理推进现有的国有商业银行改革，纠正国有商业银行改革中资金投向过度偏离农

村和农业的倾向；调整完善农业发展银行的职能定位，进一步拓宽其业务范围和资金来源；进一步推动国家开发银行加大支持农业基础设施建设和农业资源开发的力度；巩固和发展农村金融主渠道农村信用社的改革成果，继续完善其治理结构和运行机制；加快发展和培育新型的多种形式的民营银行、民间小额贷款组织等农村金融机构和非金融机构等。

（二）农产品流通市场

与农业紧密相连的商品市场主要包括农用生产资料市场和农产品流通市场，相比较而言，农用生产资料市场比较规范，基本上能在城乡间、地区间自由流动并展开公平竞争。因此，这里仅讨论农产品流通市场的完善问题。要完善农产品流通市场，当然首先要创新培育规模化、规范化、企业化的农产品流通市场主体。完善农产品流通市场，应从下面几个方面加以分析。

1. 加快农产品流通体制改革，创新农产品市场流通体系

众所周知，农业生产季节性强、生产周期长，农产品在市场交易过程中波动强烈，导致市场不稳定，很容易出现农产品卖难买难的问题。因此，特别需要通过加快农产品流通体制改革、创新农产品市场流通体系来减少农产品流通中的环节和风险，畅通农产品销售渠道，从而解决农产品卖难买难这个问题。具体就是要建立健全农产品集中、集货的初级市场、中心市场和终点市场，建立健全农产品分散、散货的批发市场和零售市场以及农产品现货市场和期货市场。而根据现阶段中国许多地方通过农工商一体化这一农业产业化经营纽带将小农生产与大市场联系起来的实际情况，在农产品流通体系创新方面，可重点考虑分别建立区域性的地方特色农产品市场、农业工业化制成品专业市场和农产品期货市场，以减少流通环节，降低流通中的风险，从而降低农产品流通成本。作为农产品市场体系尖端形式的农产品期货市场，应该成为农产品流通体系创新的重点方向。具体是要有计划、有步骤地建设完善农产品期货市场，扩大商品交易的规模，增加商品化程度高的大宗农产品期货交易的种类，交易方式上可以先发展长期合同，稳定农产品供求关系，转移农产品流通风险。

2. 加强政府的资金、政策支持，完善农产品流通市场设施建设

由于农业是弱质产业，国际上通行的做法是政府通过银行贷款、税收方面给予其政策优惠，支持农产品批发市场的硬件建设、综合服务能力建设、

农产品信息收集传输建设、农产品物流配送体系建设等。因此，借鉴有关国际经验，要加强政府的资金、政策支持，完善中国农产品流通市场设施建设。首先，政府要增加投入，完善农产品批发市场的公共环境。建设通往农产品批发市场的道路设施，改善农产品批发市场周围的自然、社会环境，完善农产品批发市场周围的信息网络设施等，为农产品批发市场提供一个良好的市场交易环境，吸引八方来客。其次，加强政府的资金、税收政策支持，建立完善以农产品交易期货市场、批发市场、共同出售市场、农产品集散中心、集体零售市场等为主体的多个层次的农产品流通市场体系，以加快农产品进入市场的进程。同时支持、鼓励农产品物流中心、大型农产品超市和农产品直销、电子商务等流通平台建设，实现农产品流通形式的多样化。最后，规划、支持建设一批国家公益性的设施大型化、手段现代化的农产品批发市场，以减少农产品流通环节，降低流通成本，提高农产品的国际竞争力。

三、进一步优化农业产业布局

中国的农业产业发展空间布局还不够完善，还需要根据中国的资源禀赋、技术进步、经济发展等进一步优化布局，以促进农业产业发展。

（一）建立完善农业产业布局体制机制

当下，虽然中国已经建立了社会主义市场经济体制，但由于政治体制改革还不到位，政府仍沿袭过去的计划经济管理方式的农业管理机构及其相应的管理体制机制来规划农业产业空间布局，极大地阻碍了农业产业集群与农业产业融合发展。因此，首先必须建立并完善农业产业布局体制机制，借鉴大多数发达市场经济国家实行的由农业部门集中统一管理的从田间到餐桌的一体化的管理体制，代替中国目前分散的农业管理体制，从而提高农业产业区域集群与农业产业融合建设的效率。在社会主义市场经济条件下，建立完善农业产业集群与产业融合发展的农业产业空间布局体制机制，重点应充分发挥市场对农业资源配置的基础性作用，进一步深化政治体制改革，理顺完善农业管理体制机制，消除影响农业产业空间优化布局的体制机制障碍，统一领导农业生产、加工、销售等各个环节，强化政府对农业产业集群与产业融合发展的引导、支持、协调与服务功能，搞好宏观调控，为农业产业集群与产业融合发展提供一个良好的政策制度环境，以推进农业产业集群与产融合发展。

（二）实施差异化的农业产业布局优化战略

由于中国各个地区的自然资源、人口劳动力、生产力水平、经济资源等条件差别很大，因此应根据各个地区的资源优势，按照优势农产品生产和市场的地域性特征，确定中国农业发展的区域布局框架，在九大农业产区布局的基础上，根据资源、劳动力、生产力水平出现的新变化科学合理地设置区域农业产业结构，进一步优化农业生产力布局，发展建设东北地区、东部地区、中部地区、西部地区现代农业区域布局，并实施与各个地区资源条件、经济发展水平相适应的不同的农业产业集群与产业融合发展的农业产业空间布局优化战略。具体产业空间布局优化战略为：由于东北地区是条件最好的地区之一，生产力水平较高，经济社会条件也较好，应立足这些资源和经济优势，发展劳动节约型的商品粮生产、畜牧水产、林特产品、农产品精深加工产业基地，形成专用玉米、优质小麦、大豆、畜牧、林特产品产业带。东部地区虽然人均耕地资源较少，但农业精耕细作，农业生产力发达，经济发展水平高。立足这些资源和生产力条件，东部地区适宜发展土地节约型的高科技型农业、出口外向型农业、农产品精深加工产业基地。中部地区相对于东部地区来说，具有较好的土地资源条件，相对于西部来说，具有较好的农业生产力水平和经济发展条件。在此资源和经济条件下，适宜发展劳动节约与土地节约并重的水稻、小麦、棉花、油菜、畜产品和水产品等优势农产品产业带，并发展与之相适应的农产品加工产业集聚。西部地区农业生产力水平不高，经济欠发达，但土地、水资源丰富，物种多样。基于这样的资源经济条件，适宜建设特色农业、生态农业、文化农业和特色农产品加工产业基地，可考虑建设优质棉花、糖料、水果、花卉、中药材、烟叶、茶叶等特色农产品产业带。

（三）推进农业产业布局优化重点战略

要实施推进以优势农产品产业带和农产品加工业为重点的农业产业布局重点战略，首先，需要通过教育、培训等措施，培育一批有文化、懂技术、会经营、善管理的新型农民或农民企业家，参与实施这一农业产业布局重点战略。其次，加快科技进步，发挥科技对农业产业布局重点战略的支撑作用。一方面，以满足市场需求为方向合理调整农业产业区域集群内主要产品的发展方向，紧紧围绕区域集群内主要产品发展的方向，加快这些成果、产品、技术的研发；另一方面，要注意及时将这些新成果、新产品和新技术推广应用到区域内农产品产业带发展和农产品加工业集聚中去，然后引导农业投资倾向农业产业区域内产业集群、产业融合。要进一步深化投融资体制改革，建立和完善符合社会主义市场经济体制要求的投融资主体、投融资渠道、投融资方式多元化的农业投融资体系，引导农业投资倾向那些区域内资本密集型的优势农产品产业、农产品加工业，以促进农业产业区域的产业集群和产业融合。最后，要建立和完善农业风险保障体系，以规避农业产业区域发展的更大风险。一方面，开发推广运用农业新成果、新产品、新技术以及发展高科技型农业面临相对较大的风险；另一方面，由于农业产业集群区域内一般生产比较单一的产品，而单一的农产品生产容易因发生自然灾害而使整个区域农业同时受损，并且面对市场的变化，单一的农产品生产结构缺乏足够的回旋余地。所以，农业产业区域内的农业产业集群、产业融合发展中易出现农业生产经营风险，这就需要建立和完善农产品储备、农产品期货市场、农业信息预警等一系列风险防范措施，进一步发展和完善农业风险保障体系，并率先在以优势农产品产业带和农产品加工业为重点的农业产业区域内进行试点，以规避农业产业区域发展的更大风险。

四、创新农业产业化经营

（一）培育扶持农业产业化龙头企业

1. 选择农产品加工企业做农业产业化龙头企业

农业产业化是一种新型的农业生产管理体系和经营方式，是以龙头企业为依托建立起来的包括研发、教育、生产基地、产品加工和商贸等的第一、二、三产业紧密结合、相辅相成和五位一体的综合性产业集团，是一个实施企业化管理的利益共同体。可见，农业产业化实施的关键是龙头企业。所谓农业产业化龙头企业是指在农业产业化经营中，实力比较雄厚、辐射面广、带动力强，具有引导农业生产、深化农产品加工、服务生产基地和开拓农产品市场等综合功能，与生产基地农户形成"风险共担、利益均沾"利益机制的农副产品加工企业、流通企业或新型合作经济组织。一般来讲，农业产业化龙头企业有加工企业、流通企业、批发市场、合作经济组织、科技实体等五种基本类型。农业产业化龙头企业具有三个明显的特点：以加工、销售农产品为主；具有带动农户的较大规模和较雄厚的实力；与农户结成共担风险、共享利益的共同体，使农户分享加工、销售环节的部分利润。

根据上述农业产业化龙头企业具有的特点及其基本类型，应重点选择以农产品加工企业为发展农业产业化的龙头企业，理由很简单：首先，农产品加工是农业产业链的价值保值增值环节。前面已经分析，农业产业链是由与农业初级产品生产密切相关的具有关联关系的产业群所组成的网络结构，它包括为农业生产做准备的技术支持、农资供应等前期产业部门，农作物播种、收获、畜禽饲养等中间产业部门以及以农产品为原料的加工、储运、销售等后期产业部门。显然，播种、施肥、收获等环节只为整个农业产业链提供初级农产品，农业加工环节则是对初级农产品进行初加工和深加工，而对初级农产品的初加工和精深加工使农业产业分工进一步扩大，增加迂回的生产方式，使农产品价值保值增值，从而通过农产品加工这一农业产业链的延伸提高农业产业链整条链的价值。其次，初级农产品经加工后能够扩充市场容量。由于初级农产品基本上是生物产品，具有鲜活的特性，保存时间短，保存困难；初级农产品的鲜活特性又容易导致包装难、对运输工具要求高、运输流通困难；初级农产品需求弹性低、附加值低。如果将初级农产品加工改造成制成品，使得鲜活农产品保存期可延长几倍甚至几十倍，也易于包装运输储存，降低运输成本；当然，加工后的农产品需求弹性和附加价值将大幅度提高，从而提高农业效益。最后，农产品加工业既可拉动种植业、畜牧业发展，增加农民收入，又可带动第三产业，改变农牧产品的贸易条件和协调城乡关系。总之，农产品加工业在扩展农产品市场销售空间、延伸销售时间、扩充市场容量、增加附加价值、提高农业比较利益、增加农民收入、协调城乡关系方面发挥了重大作用。所以，以农产品加工业作为发展农业产业化的突破口也就顺理成章了。

2. 培育扶持农产品加工龙头企业

（1）鼓励合作社兴办农产品加工企业和以农产品加工业为主的乡镇企业

一方面，鼓励农民合作社兴办农产品加工企业。要根据市场经济发展的客观要求，大力培育农民合作社组织。当农民合作社组织发展到一定规模并拥有相当经济实力时，引导由农民合作社组织直接建立和兴办农产品加工企业龙头企业，改变那种农业以农产品生产环节为中心环节、农产品加工和销售由工商企业完成的做法，实现生产和流通、经营和服务的统一，实现从原料生产到加工再到市场销售整个过程的控制，有效提高消费品的质量和多样性，大大地降低生产、组织和管理成本，社员也可以获得加工、销售环节增值形成的平均利润。这种模式不仅能使农民充分获得农产品加工增值利益，实现让农民获得平均利润的产业化经营目标，还可以形成网络一体化格局，以此支撑形成更大规模的跨区域、跨国的农业合作社，从而增强合作社兴办的农产品加工企业集团的市场竞争力。另一方面，发展以农产品加工业为主的乡镇企业。《中华人民共和国乡镇企业法》第二条规定，乡镇企业是指农村集体经济组织或者农民投资为主，在乡镇（包括所辖村）举办的承担支援农业义务的各类企业。显然，乡镇企业大多以农村为基地、以农产品为原料、以农民为主体，与农业生产、农民生活和农村经济有密切的联系。有许多乡镇企业本身就是从事农产品加工的，要支持他们做大、做强、做优。对于那些不是从事农产品加工的涉农乡镇企业，要根据市场需求和他们与农民、农业、农村存在的联系以及已积累的资金和经验，引导他们发展农产品加工业，壮大企业的经济实力，为其担当龙头企业的角色奠定坚实的基础。

（2）培育和扶持农产品加工企业龙头企业的主要措施

首先，要按照"产权明晰、权责明确、政企分开、管理科学"的现代企业制度要求，将农民合作社兴办的农产品加工企业建设为现代企业，将以农产品加工业为主的乡镇企业改制、改组、改造为现代企业并加强企业管理，以提高农产品加工企业的经济效益。其次，支持农产品加工企业技术改造。一方面要通过发展引进先进的农产品加工设备，提高由主产品到副产品、正品到下脚料的综合加工利用程度，增强农产品的精深加工能力；另一方面要大力推广科研院所与农产品加工企业合作，加快农业科技成果的转换，进一步提高农产品精深加工的技术，以降低生产成本，提高产品质量，使企业不断发展壮大。最后，提高农产品加工企业龙头企业的营销、组织管理能力。农产品加工企业龙头企业的营销、组织管理能力的提高，关键在于企业的人才，只有发现、培养、使用一批有胆识、信息多、交际广、懂经营、善管理的营销、组织管理人才，才能发挥农产品加工龙头企业引导农业生产、深化农产品加工、服务生产基地和开拓农产品市场等方面的重要作用，才能提高农产品加工龙头企业的企业竞争力，才能使农产品加工企业成为真正的农业产业化龙企业。

(二) 引导发展主导产业及其商品生产基地

选择主导产业和建设优势农产品生产基地,是农业产业化经营的两个重要环节,是农业产业化经营取得良好经济效益的重要保证。这里的主导产业是指一个地区、一定时期内农业产业体系中技术先进、生产规模大、商品率高、经济效益显著,能够较大幅度地增加农民收入和地方财政收入,并在农业产业结构中占有较大比重,对其他农业产业和整个经济的发展具有很强推动作用的产业。所谓优势农产品生产基地是指根据市场的需要、各地的资源禀赋和农业产业化经营的要求,由政府、企业、农村集体和农户等共同投资,有规划、有重点地建设起来的最适合各地区自然条件和社会经济条件的优势农产品专业化区域。显然,优势农产品生产基地是围绕一个地方的主导产业和优势产品建立起来的。

1. 引导发展以粮棉油和畜禽业等为重点的主导产业和产品

一般来说,一个地区主导产业和产品的确定需要考量以下五个方面的因素:第一,市场需求导向因素。因为市场经济条件下,产品的市场需求量、市场的占有能力等影响着产业产品的发展壮大。第二,资源禀赋因素。因为农业生产在很大程度上受到土地、光照、气候等资源禀赋条件的限制。第三,经济发展水平。因为经济发展水平越高的地区,就越有条件突破限制农业产业发展的资源禀赋条件。第四,现有的主导产业和产品。因为发展现有的优势产业和产品,投资少、见效快、效益高。第五,国家产业政策。因为发展符合国家产业政策发展方向的产业和产品,容易获得国家的政策支持。在考虑了上述主要影响因素和兼顾考虑交通、技术等多方面的因素后,要因地制宜地引导和发展以优质水稻、小麦、玉米、大豆、棉花、花生、油料为重点的粮棉油系列产业,确保粮棉油生产稳定增长;发展以奶牛、肉牛、猪、山羊、禽及特种珍畜禽为重点的畜禽产品产业;发展海洋捕捉、海水养殖和淡水渔业等水产品产业;发展优质苹果、梨、桃、葡萄等果产品系列产业;发展营养、安全的蔬菜系列产业等。其中,重中之重是引导发展粮棉油和畜禽业等主导产业和产品,因为粮棉油事关14亿多人口的吃饭问题,事关社会的稳定,而发展畜禽业则可以带动种植业、食品加工业的发展,从而推动农业产业一体化发展。通过发展农民合作社推动主导产业和优势产品形成是一种很好的思路。如发展产加销一体化的农民合作社或者农民销售合作社，这些农民合作社可以利用自身的专业优势，及时掌握农业生产技术和农产品市场动态，从而能够适时根据市场需求和本地的资源条件组织和指导广大农户生产市场需求量大、技术含量较高的农产品新品种，形成规模化生产和促进农产品集中，促进农业产业结构的调整和优化，使一批优势品牌产品和一些支柱产业迅速崛起，最终形成区域性的主导产业和优势产品。

2. 引导建设以粮棉油和畜禽业等为重点的商品生产基地

建立具有一定规模的农产品商品基地，是推动农业产业化的一项基础性工作。由于主导产业和产品实际上是农业生产专业化分工的结果，在空间地域上的表现形态就是农业生产的区域化布局，而在农业产业化进程中的表现就是农产品商品生产基地，只不过每个基地生产的农产品更加专一，地域特色更为突出。所以，引导建设以粮棉油和畜禽业等为重点的商品生产基地，必然要各个地方围绕自己地区的粮棉油和畜禽业等主导产业和优势产品进行商品生产基地建设，并在建设发展的过程中实现产业集聚、集群，每个商品生产基地集中、专业生产两三种优势产品，形成体现各地农业特色和区域特征的优势产品生产基地。比如中国著名的商品粮生产基地：立江平原以生产大豆、水稻、玉米为主；珠江三角洲以蚕丝、水稻、甘蔗为主；江汉平原以油菜、芝麻、花生为主；成都平原则以水稻、小麦、棉花和油菜花为主。还有诸如河北保定望都（辣椒）、安国（中药材）、阜平（大枣）、曲阳（梨）、顺平（苹果）、雄县（肉鸡）、容城（肉猪）等规模相对较小的商品生产基地。

根据中国农产品生产基地地区和部门间分割严重，投资渠道单一、自我发展能力不足，基地规模小、档次低、配套差的特点，农产品生产基地建设的基本思路是：以市场需求为导向，在对当地自然资源、技术水平、社会经济条件进行综合分析的基础上，围绕当地的主导产业和主导产品，创新组织管理方式，采取诸如农民合作社等适宜的组织方式，集中力量统筹规划主导产品的生产、加工、经营、开发和管理，以提高资源利用效率，生产出更多优质、安全的农产品商品，以满足龙头企业和农业产业化的需要。

第五章 工业与产业链的结合发展

第一节 工业及其稳定增长发展

一、重新认识工业地位

（一）工业发展的国际经验

结合目前现实情况来看，工业是国民经济的重要组成部分，同时也是中国的核心物质生产部门，其在拉动经济增长、促进企业发展、推动科技创新等多个方面都起着举足轻重的作用。工业在我国经济中占据主导地位，经济发展的最终目的在于生产物质产品，以满足人类生存的基本物质需求。许多低收入国家的经济都是以工业发展为基础的。目前，高收入国家在工业化进程中，普遍经历过工业快速发展、工业增加值占国民经济比重持续提高以及比重保持较高水平的时期。有学者结合88个国家的数据进行了分析，发现在1950年至2005年这段时间，制造业是各个国家经济增长的支柱产业。从1970年开始，实现工业化的发达国家制造业占比一直处于高状态。在二十世纪七八十年代，发达国家的制造业占比均在20%以上，意大利、西班牙、英国超过25%，日本达到34.7%；根据BEA的数据，美国制造业占GDP比重在1951年曾达到27.6%。制造业比重在20%以上时，这些国家的人均GDP（2015年不变价美元）均在14000美元以上，按照世界银行标准已经进入高收入国家之列。直到发达国家已经成为高收入国家之后，这些国家的制造业比重才逐渐呈现下降趋势。

工业发展水平和国家人均收入水平密切相关，因此工业化程度是中国社会经济长期快速增长的重要驱动力，其对其他产业的发展也能起到带动的作用。在现代经济体系里，中间投入在最终产品或服务中比例较大，由于工业产业链较长，工业产品结构复杂，并且工业生产活动中需要投入大量资金去购买生产设备及仪器、原材料等物件，可知工业具有自循环的特征，这种由于发展工业而产生的需求也会进一步带动工业的发展。这就可以看出工业是社会系统运行的基础,工业为其他部门的生产经营活动创造了必要条件。与此同时,工业也通过自身积累推动了其他产业部门的持续发展。另外,工业生产过程同时也需要农业与服务业等产业的投入。工业产品是由各种材料和零部件组成的,还包括不断增长的数据、算法和算力,是一种集硬件、软件、服务为一身的综合体,其中有许多制造企业向用户提供高附加值的增值服务。由此可见,工业发展能够带动包括工业本身以及农业、生产性服务业等其他国民经济的发展。影响力系数是测量国民经济任一部门增加的单位最终产品对其他经济部门影响的一个系数,该系数若大于一,则证明这一部门对国民经济起着带头作用。美国、日本、德国、韩国等发达国家的工业影响力系数通常都大于一,而服务业的影响力系数则普遍小于一。这是由于每个特定产业都有其独特的优势和劣势,并且这些优势和劣势又是相对独立存在的,因此不同的产业由于其本身的特点以及所处的环境不同,其技术水平、价值链环节等方面也不尽相同,从而导致整个产业体系的完整度及影响力系数各不相同。不同的产业门类具有各自独特的价值链,对产业发展起到了至关重要的作用,但同时也会产生大量的中间投入,影响整个国民经济的发展。在电子产业、计算机产业和光学产业中,韩国和日本的影响力系数分别为1.196、1.102,美国的影响力系数为0.772,这是由于日韩两国的价值链仍处于完整状态,而美国则主要保留了研发设计及营销环节,把加工制造环节多数都外包到了其他国家。

(二)认清工业地位给我们带来的重要启示

从国际上工业化的普遍经验来看,制造业的特征在于自我内循环特征及外溢效应,也就是说,若在国民经济发展水平较低时,过早降低制造业比重,增加服务业比重,将会导致服务业根基不稳,从而影响经济的增长动力。因此,想要跨越"中等收入陷阱",必须避免过早降低第二产业比重和提高第三产业比重。哪怕是部分已经越过"中等收入陷阱"的国家,如葡萄牙、西班牙等,2008年爆发的国际金融危机也严重影响了其经济发展,原因就在于其制造业比重不足,无法有效带动经济增长。一个国家的制造业比重若是不够,对于该国家来说并不是一个好的趋势,这意味着制造业无法带动其他产业发展,并且不利于开展创新。2008年的经济危机引发了发达国家对经济"脱实向虚"危害性的反思,并使它们充分认识到了制造业在加强就业、促进创新等方面的重要意义，使其重新了解工业是一个国家经济发展的立身之本。美国等发达国家相继出台了一系列的振兴制造业的策略及法案，并制定了提升制造业比重的目标，希望能够进一步加强自身在科技发展中的领导地位。德国联邦经济和能源部在2019年发布《国家工业战略2030》，提出到2025年，制造业占GDP比重提高到25%，欧盟制造业占GDP比重提高到20%；欧盟委员会在2021年发布《工业5.0：迈向持续、以人为本且富有韧性的欧洲工业》，提出将以人为本、可持续性和韧性作为工业发展方向，以此推动建立一个更具竞争力、更加可持续、更绿色环保的欧洲工业的"新常态"。

目前，中国已经成为世界最大工业国，实现工业增长的稳定，是保证国民经济平稳健康运行的重要基础，期望工业能够充分发挥促进经济发展及应对系统性冲击的必要作用。促进工业增长的必要性可以概括为以下几个方面。首先，中国要跨入高收入国家门槛，需要促进实体经济的发展，并将工业增速维持在高水平。其次，中国正处于从要素驱动向创新驱动转变的关键阶段，需要通过提升工业硬科技水平来补齐产业链短板。由于受到新冠肺炎疫情的冲击，服务产业尚未完全恢复，应由制造业发挥以应急物资供应为主的作用，保障产业循环畅通、生活平稳有序进行。再次，我国的基本国情决定了"共同富裕是社会主义的本质要求，是中国式现代化的重要特征"。保持工业合理平稳发展既能够保证工业产品的稳定供应，同时也能提供稳定的就业岗位，以达到共同富裕的目标，不断满足人民对美好生活的向往。最后，新的科技革命和产业变革正在深入推进，颠覆性的数字技术不断成熟、扩散和融合，新的科技革命正在以工业化为中心不断兴起，其主要特征是数字化和绿色化，因此中国建设工业强国，必须以发展智能制造和绿色制造为主要目标。

二、中国工业发展的突出表现及问题

（一）工业在疫情的影响下有效发挥了基石作用

在全球产业供应链重新构建，中国和美国之间的竞争全面升级的背景下，中国产业供应链存在不够安全、不够稳定的隐患。近年来中国更加注重工业供应链自主可控、安全稳定、韧性弹性、竞争能力的发展，多措并举积极推进固链、强链、补链，不断打通产业链、供应链的堵点、卡点、断点，促进工业高质量稳定发展，有效实现工业经济稳定循环，为中国经济提供有力支撑。

中国在工业链上充分推进了"补短板、锻长板"的战略部署并获得了阶段性成效。通过细化分类并梳理工业大类及细类的产业弱项、空白点，我们可以明确产业供应链的发展趋势，组织开展强链补链行动，强力攻克短板与弱项，特别是策划实施产业基础再造工程，促使一些重点产品和部分关键核心技术取得阶段性突破。传统优势产业链的锻长板不断推进，新型产业链加速培育，育链强链取得积极进展。

培育"专精特新"企业的成效明显，并且形成了补链强链的生力军。目前，中国已经分批培育了近5 000家"专精特新"企业，并要求其对本地中小型企业强化带动作用。中国国家级"专精特新"企业中，有近3 000家企业均为工业领域，平均研发经费投入强度超过7%，远远高于规模以上工业企业、中央企业和全国研发投入前1 000家民营企业，这些"专精特新"企业在各个领域都充分发挥了补链、强链、固链、稳链的重要作用。

（二）工业增长在多重压力下面临的风险

我国工业的发展在需求收缩、供给冲击、预期转弱等多重压力的考验下，正面临着增长放缓、动力减弱、市场主体受困的风险。在新冠肺炎疫情期间，全球经济发展极为不稳定，工业产品预期、原料供给问题以及工业产品需求都受到了冲击，不利于工业的稳定增长。第一，工业企业需求量减少较多，问题较为突出。第二，由于海外疫情反复，得不到良好的控制，导致中东等原材料供应地生产速度减缓，并且受防疫政策的影响，航运业等运输环节也受到了严重冲击。2021年全球集装箱班轮准班率创下历史最低纪录，运输价格也有所增高。许多西方发达国家都逐步内缩工业产品供应链，给中国产业供应链造成不良影响，从而持续冲击着中国的工业生产与出口。

随着工业增长趋势减缓，国内行业和区域分化现象加剧，行业经济效益与不同地区工业增长速度出现明显分化，工业投资和出口继续保持较快增长，面临巨大挑战。从出口额来看，2021年出口额虽然有所提升，但由于海外工业内缩，中国替代效应减弱，预计2022年出口形势会更加严峻，难以实现出口数额稳定增长。从增长趋势来看，2021年工业月度增加值同比增长缓慢，工业企业营业收入累计值增速、利润总额累计值增速均呈现逐月放缓趋势，且自10月起亏损企业的数量及亏损总额累计值均出现同比上升，由此可以看出制造业的发展速度有所降低。结合行业来看，行业经济效益分化加剧，部分下游行业经济效益不佳，对工业企业生产积极性造成消极影响。上游行业产业价格持续上涨，并且传导机制不畅，而下游产品价格则显著下降，与上游产品利润产生鲜明对比。结合地域来看，不同城市之间经济基础、产业结构、工业水平各不相同，在疫情的冲击下所采用的应对方式也各有差异，导致工业发展区域不平衡、不协调的现象更加突出，呈现"南快北慢"的特征。

对于中小企业来说，在疫情的冲击下更容易出现经营困难的现象，而对于外资企业，则很有可能出现局部性收缩或发展减缓的情况。工业企业的发展韧性、成长性和竞争力都是工业经济高质量发展的关键，企业规模不同、行业的千差万别导致经营行为和业绩也存在差距，对工业增长的支撑作用呈现分化态势。与大型企业相比，中小企业相对来说发展韧性不足，经营更容易受到市场压力而出现问题，而大型企业通常具备较为稳定的发展基础、丰富的资源和客户群体规模，并拥有较强的市场拓展能力，导致中小型企业在获取资源、发展市场方面更加困难，从而缩小了其发展空间，抗风险能力更弱；与此同时，在疫情的影响下，中小企业的组织更加脆弱，更容易出现破产等问题。因此，小微企业面临需求疲弱、成本压力和要素障碍三大痛点，经营困难更大。

三、外部环境变化对工业稳增长的影响

中国在逐渐做大做强的当下，已经深度融入了国际分工体系，成为全球供应链的重要一环。伴随着新一轮的科技革命深入发展，中美之间的竞争全面升级，中国工业发展的外部环境更加变化莫测，再加上疫情的因素，世界范围内工业生产和贸易表现出鲜明的"VUCA"特点，即易变性（Volatility）、不确定性（Uncertainty）、复杂性（Complexity）和模糊性（Ambiguity）相互交织，全球产业链供应链的安全形势多变难料。另外，中国工业在数字化、融合化的发展趋势下，逐渐在国际中获得了新的竞争优势，主导构建"安全开放、协同共赢"的区域价值链，为加快中国由工业大国向工业强国转变提供了新的机遇。

工业革命爆发近三百年来，以先进生产力为代表的工业给人类创造了空前丰富的物质财富。但是，由于工业化过程中大量使用化石能源和资源，导致全球气候变暖等一系列环境问题日益突出，并引发全球性危机。为此，各

国纷纷将目光转向绿色低碳技术领域。即使在世界工业强国美国，曾经支撑中产阶级的传统制造业就业岗位也被贴上了 4D（Dark、Dirty、Dangerous、Declining）的标签，只有开启一场真正意义上的生产方式和组织方式变革，才能让工业在各部门要素配置的竞争中重获创新活力和发展动能。工业在面对新挑战的同时，又一次展现出自我革命的特征和内在机制，新工业革命以网络化、分布式、自组织型的新型研发生产组织和商业模式重新定义了"制造"，使工业生产 4S（Sustainable、Smart、Safe、Surging）获得了全新的面貌。技术创新已经成为驱动工业增长的决定性因素，而数字化转型则是推动工业技术创新与范式变迁的关键力量。但从实践进展来看，工业领域的数字化转型可能是一个长期的过程，对于不同行业、产业链不同环节、不同规模的市场主体而言，依附于生产端的数据要素显然与消费端产生的数据存在较大差异，其归属、定价、交易机制以及增值收益的分配等问题除了需要在法律上明确界定并形成具有共识的国际规则外，部分核心技术和硬件措施问题的解决是现阶段更加重要的事情。

新冠肺炎疫情的发生加速了全球生产体系的重构，但全球价值链已经连续十年持续地阶段性收缩，其根本原因在于全球化演进的动力机制从成本驱动转向知识驱动，导致全球价值链呈现出"内敛"的动力与倾向。2010年的金融危机是全球价值链发展的重要转折点，从《全球价值链发展报告2021》中可以清楚地看到，全球价值链的参与度阶段性地由快速扩张转为缓慢收缩。金融危机以来，供应链回流将全球价值链参与度直接拉低，截至2020年，两个参与度指标已分别下降至44.4%和12.1%。多数国家的全球价值链的参与度演进方向与全球趋势相同。通常来说，少数国家会先行掌握颠覆性创新活动，新兴领域会在新工业革命初期存在抑制技术扩散的"反全球化"力量，加上2021年达成了国际税收制度改革协议，使得发达国家制造业产业生产获得强化，从而导致主要工业国全球价值链参与度降低，转而构建更易掌控、稳定性更强的区域价值链。特别是中国发生了显著的变化，间接贸易在2000年至2019年中，增速从20%大幅降到4.6%，能够充分观察到增速变化是由于国际生产体系发生了调整，在这一背景之下，中国作为世界上最大的经济体，对全球经济增长贡献不断提升，逐渐从"制造大国"向"创造大国"转变。我国全球价值链参与度与增长速度的变化，既是国际生产体系调整的结果，也反映了加入WTO后我国通过广泛而深刻地参与全球分工快速实现进口替代和产业升级的独特路径，成为国内产业配套能力增强与内循环巩固的重要表现，但这同时也意味着我国凭借劳动力成本优势，大规模承接国际产业转移而嵌入全球价值链的传统工业发展路径难以为继，面对发达国家制造业回流与发展中国家"成本洼地"双向挤压下比较优势衰减与链条开裂的新局面，我国亟须建立新的产业发展模式，以培育新的国际竞争优势。

四、工业稳增长的政策框架

工业是增长经济的主要动力，也是技术创新的重要场地，在国家经济遭遇冲击时起到稳定发展的重要作用。在宏观经济稳定发展的总基调中，着眼于低碳革命兴起、逆全球化回潮、新一轮科技革命和产业变革深入推进的大背景，我们既要遵循工业发展的历史规律，也要把握当下绿色化、数字化发展的新机遇；既要参考西方发达国家的工业发展经验，也要结合中国特色社会主义体系及经济发展水平，立足于新发展阶段的战略任务，推动工业高质量发展。

在政策目标方面，在保证工业稳定发展的前提下，只有重视创新发展，才能解决产业链韧性不强、水平不高的问题，并推动工业硬科技的发展，培养工业增长的新动能。同时，在推进产业转型升级的过程中，我们必须快速提升产业链现代化及产业基础能力高级化水平，构建竞争力强、韧性高的现代工业化体系；注重工业内部结构、地区布局结构、产业组织结构的优化，并稳定保持制造业工业占比，特别是要大力提高高技术产业、战略性新兴产业和新业态在产业中的比重；构建不同所有制、不同规模、不同产业链环节的企业融通发展，形成同向发力的产业生态体系，形成产业集群引领、地区间各具优势、分工协作、区域均衡发展的产业布局，以确保工业的发展速度以及持续增长能力。

在政策措施方面，以新发展理念为指导，依托产业门类齐全和配套完善、超大规模市场、工程师和技术工人队伍庞大、数字经济领先等优势，抓住新一轮科技革命和产业变革带来的发展机遇。针对工业基础不牢、产业链不全、技术水平不高、附加值和利润率低等问题，我们要找准影响工业增长的关键短板、痛点、堵点以及产业链韧性和国际竞争力不强的原因，通过不连续创新带来的换道超车机会,实现精准发力。一是加快推进制造业转型升级,坚持以供给侧结构性改革为主线,着力推动制造强国建设取得新突破;二是加强高端装备自主研发与应用;三是培育壮大战略性新兴产业。

在政策工具方面,要增强全局视野和系统思维,稳增长不仅要注重供给侧结构性改革,更要重视需求侧在拉动创新、扩大销售、吸引投资等方面的重要作用,稳增长政策不能局限于工业自身,也要在与工业密切相关的行业(如生产性服务业)以及影响其发展的关键领域(如新型基础设施)进行全方位调控,还要在产业政策、创新、投资、市场、外资、外贸等方面实施全方位的综合调控,并结合我国实际情况,从体制机制改革、政策机制改革、政策措施改革等方面促进我国经济稳定增长。

第二节　制造业产业链发展

一、制造业产业链现状及路径选择

(一)制造业产业链现状

1. 制造业产业基础有待夯实

产业基础能力能够凝聚力量,在持续支撑产业发展方面发挥着重要作用。产业要想实现持续发展,需要以产业基础能力为重点,其能够直接影响产业链现代化水平以及产业发展质量。在制造业发展方面,中国一直以劳动力密集型产业为主,逐步实现了工业化发展,在国际产业体系中占据了一定地位。在不断掌握关键技术和设备的前提下,中国制造业产业基础已经有了长足的进步。同时,数字化技术的进一步发展和应用,都给我国5G技术、量子通信等方面的发展奠定了基础,有助于我国产业链走向国际化。但是,中国制造业仍然无法与西方发达国家产业基础相提并论,基础能力的薄弱点主要体现在产业发展不充分、不平衡等方面,并且中国制造业在材料和设备方面对外依存度较高,甚至达到了50%。例如,中国每年在集成电路的消费上达到了世界集成电路出货量的33%,其中约有80%都依赖于国外进口。除此之外,中国产业基础的薄弱还体现在产业要素不足方面,无法有效支撑制造业产业链高质量发展。产业要素方面存在问题的原因有以下几个方面。第一,产业要素市场化机制不够完善，造成了要素流动和配置效率不高的不良后果。第二，中国制造业的发展缺乏足够的创新动力，导致产品缺乏核心竞争力。第三，由于大力发展虚拟经济，导致资金在制造业方面的投资有所不足，且企业融资能力不足，更是无法发展产业要素。第四，制造业产业人才凋零，且培养机制不完善，后续储备力量不足，人才的大量流失制约了制造业企业的发展。

2. 制造业整体处于全球价值链中低端

中国制造业基础能力不足，且发展不平衡、不充分，导致落后产能过剩，且由于缺乏创新力和核心竞争力，制造业即便融入了全球产业价值链，仍然需要依靠发达国家的技术和原材料。而且中国主要负责的是加工、组装等低能环节，产业效益较低，不仅大量依赖于海外消费市场，还形成了"两端在外"的发展模式，不利于中国制造业的长期发展。因此，目前中国制造业在国际方面仍处于中低端的位置，需要我国重视制造业产业动力变革，实现制造业产业生产质量和效率双重提高。2019年，中国工程院对二十六类有代表性的制造业行业进行了国际比较，发现其中有十类产业与国际差距较大，有五类产业与国际差距巨大，难以追赶。但是，中国目前也拥有一部分世界领先产业及先进产业，主要包括通信设备、先进轨道交通装备、输变电装备、航天装备、新能源汽车、发电装备等。

3. 制造业的发展仍处于技术瓶颈期

在世界上，中国制造业的产业链可以说较为完整，但技术水平仍无法与西方发达国家相较。缺乏部分关键核心技术，基础共性技术不足，高端设备及材料依存外部供给等问题都加速了制造业发展瓶颈的到来。通过分析中国制造业的产业短板，能够看出当前制造业产业链薄弱环节主要集中在核心关键技术和零部件领域，包括基础检验设备、关键基础材料、高端工业软件和高端传感器等都需要依靠进口获得，无法完全自主可控。

4. 制造业产业链协同水平有待提升

结合上下游生产性服务业和制造业的协同关系来看，虽然两者之间存在互动融合的现象，但是因为生产性服务业仍然处于生长过程，无法满足现有的经济社会发展需求，并且与工业、贸易等产业的协同联动水平不高，导致其无法有效发挥应有的带动作用。同时，多数生产性服务业普遍具有垄断性质，因此行业入门要求较高，如金融、铁路、邮电等行业，缺乏市场竞争力，从而造成制造业服务内部化，导致生产性服务需求降低。从产业链协同创新的角度看，许多企业为了提升自身的核心竞争力、稳固市场经济地位，会选择关门偷偷地研发技术与创新，但其创新能力不足，导致创新难以得到好的结果。另外，不同企业在产业链生产产品的过程中的投入有所差异，也会导致产业链协同水平受到"木桶效应"的影响。也就是说，产品的技术水平很有可能是以投入最少的企业为基准的，从而造成牵头企业即使投入了大量精力与资金，在提高产品水平上也会收效甚微。因此，在促进制造业技术水平创新方面，各个企业都需要不遗余力地推动其发展，通过协同创新，提高技术配套性，促进产业链协同水平有效提升。

（二）推进制造业产业链现代化的路径选择

1. 夯实制造业产业基础能力

元器件、基础材料、工艺和产业技术被称为工业"四基"，它们是制造业产业发展的基础，也是阻碍中国制造业变强的最大瓶颈。制造业的核心技术是制造业产业发展的核心，缺失核心技术意味着无法触及制造业的真面目，自然也就无法掌握制造业的根本。因此，必须重视产业科技协同创新工程的发展，重点强化"四基"的研究与应用，同时推动工业互联网的建设以及实施产业基础再造工程来提升中国工业基础能力。

（1）实施产业科技协同创新工程

首先，重视现有资源的整合与创新，促进创新链实现协同发展。为了实现这一目标，应掌握高校、科研机构以及产业链上下游企业等创新资源，形成以市场为导向、产学研深度融合的创新体系。同时，大力推动龙头企业牵头组建创新联合体，组建一批制造业创新中心。其次，龙头企业应牵头开展关键核心技术攻关工程，并通过市场化方式灵活运转，积极培育自主创新产品，攻克制造业产业技术瓶颈。再次，重视保护知识产权，鼓励企业掌握拥有自主知识产权的核心技术，积极参与制定行业的国家标准及国际标准，并要求企业将行业标准贯彻与落实。最后，为了实现产业科技协同创新，必须促进行业区域平衡发展，通过区域之间的合作与创新，实现高质量一体化的发展目标，协同推进科技成果转移转化，形成互相促进、梯度有序的区域产业链协同创新体系。

（2）强化工业"四基"突破和应用

目前中国制造业必须夯实工业"四基"，重点研发出高质量、高性能、智能化程度高的元器件，并且积极研发一批基础条件好、市场需求迫切、严重制约整机发展的关键技术。同时，利用市场需求，大力开发新材料并加以应用，大量生产并进行推广，促使产业链上下游企业协作配套，加快应用示范。新材料的开发与应用，也需要先进的制造工艺才能完成高端产品的制造。因此，我们必须提高现有工艺的可靠性，并不断开发和创新生产高效、节约能源的工艺。另外，工业基础能力的发展，要求不断提高可靠性试验验证、计量检测、标准制修订、认证认可、产业信息、知识产权等技术基础支撑能力，完善产业技术基础服务平台和服务体系。

（3）加速促进工业互联网建设

第一，升级并改造现有的工业互联网，将5G技术融入工业互联网工程，构建企业内外网标杆网络，并积极建设国家标识解析体系，加以部署和应用。第二，以企业需求、区域和行业要求为主，构建多层次工业互联网平台体系。第三，利用区块链技术、云计算技术等，强化工业数据的连接、互通、存储和计算能力。第四，大力培养具有较强凝聚力、竞争力和整合能力的领军企业，增强对重点行业、重点区域工业互联网解决方案的供给能力。

（4）实施产业基础再造工程

首先，应积极投入大量资金开展元器件、基础材料、基础设施、工业软件及互联网平台的建设，充分提升产业基础能力，实施重大示范工程，重视产业链上下游企业共同进行协同创新，共同解决产业基础短板。其次，大力应用人工智能、5G技术等，促进制造业实现数字化、智能化、绿色化建设。最后，将工业"四基"作为再造重点，开设一批现代化工厂，以优化工业流程、集合工业要素、培育工业人才为重要事项，提升工业基础能力。

2. 提升制造业产业链控制力

全产业链控制、关键环节控制、标准及核心技术控制是制造业产业链控制水平的重要体现。要想提升产业链控制水平，必须拥有核心零部件供应企业以及产业生态主导企业。因此，应一手抓产业生态主导型大企业培育，一手抓"专精特新"小巨人企业成长壮大，通过"补链""强链"培育世界领先产业,提升产业链控制力。

(1)形成工匠精神,构造创新环境

企业营造良好的创新环境及激励机制有助于员工提升自身的创新力和竞争力,进而激发企业活力。这不仅有利于有助于形成产业生态主导企业,也有利于"专精特新"的创新型小巨人企业的壮大,这对于提高产业链控制力具有重要意义。与此同时,良好的企业环境在开发企业人才潜力方面也有重要作用。因此,企业应进一步完善企业培育考核评价体系,弘扬工匠精神,大力表彰为企业做出突出贡献的人才,从而激发企业内部人员的创造力,将企业家注重创新、专注品质和追求卓越的这一无形资产转化为推动制造业发展的新动能。

(2)培育产业生态主导企业

带头品牌和企业的存在是产业链生态发展的关键力量。因此,培养主导性强的企业和品牌能够有效提升产业链控制力。一般来说,带头企业普遍为跨国企业,这类企业通常具备两种优势:一是市场优势;二是技术优势。所以带头企业必须加快研究和创造新的技术和产品,成长为能管控解决方案、研发生产与运营服务的关键环节的产业生态主导企业。另外,带头企业应尽可能地支持研发机构开展工业技术研发,加强未来技术储备,形成持续的核心技术领先优势。

(3)壮大"专精特新"创新型企业

美国作为发达国家,在制造业方面拥有前沿的核心技术、元器件和材料,工业发展十分强势。而中美之间的贸易摩擦逐渐升级,美国随时有可能切断中美之间的工业联系,导致中国产业链、供货链断裂,从而严重威胁中国各方面的发展。因此,我们在发展过程中,必须充分认识到自身在国际上的被动地位,重视"专精特新"中小企业的培育和壮大。在这一过程中,必须大力支持中小企业的发展,努力提升中小企业的创新能力,并推动其积极参与产业关键共性技术的研发。同时,应积极引导并支持中小企业深入进行细分领域的研究,不断提高工艺和制造水平,提升其在产业链中的专精度,形成独特的技术和产品竞争优势,成为"专精特新"小巨人企业。另外,发展中小创新型企业有助于构建一批潜力大、数量多、成长快、质量优的企业集群,将有效促进制造业产业链控制力的提升。

(4)"补链""强链"培育世界领先产业

实施"补链工程",必须突破短板技术和专业瓶颈,充分发挥"集中力量办大事"的制度优势,对产业政策和创新制度进行优化,集中力量供给关键装备和设备,有效强化工业基础技术。实施"强链工程"需要充分利用中国现有力量和资源,实现优势产业和新兴产业的做大做强。第一,中国应进一步巩固包括电力装备、通信设备、铁路交通等在内的优势产业的优势地位。第二,应着力提升航天装备、海洋工程装备及高技术船舶、新能源汽车产业,赶超世界先进水平。第三,应加大新一代信息技术产业的发展力度,促进航空装备、农业装备、高端数控机床以及先进医疗器械等行业努力追平世界先进水平。第四,对钢铁产业、纺织产业、石化产业等传统产业进行优化,将其培养成为世界领先产业。

3.强化制造业产业链协同发展

制造业在发展过程中逐步形成了一个完整的、环环相扣的产业链,一旦一个环节出现问题,整个产业链的发展都会出现停滞,无法有效运转。通过在产业链的各个环节中设置流程、价格和信息等要素,来实现产业链高速运转的过程被称为产业链的协同发展。产业链协同发展有助于增强产业链整体竞争力,因此产业链必须实现要素协同、上下协同、内外协同以及制造业与生产性服务业协同,进而促进全产业链高质量一体化发展。

(1)强化上下协同

由于单个企业很难在激烈的市场竞争中依靠自己的力量开展创新,因此产业链上的企业应结合起来,协同创新,更好地达到促进制造业产业链发展的目标。因此,产业链上下游企业应联动发展与协同攻关,共同组建实验室、研发机构,共同打造自主可控的产业链。上下协同发展也需要龙头企业牵头搭建制造业创新创业平台,打造开放共享、协同化、网络化的创新生态圈和融通发展模式,推动产业链上下游企业共同创新。除此之外,中央与地方之间也应当加强上下联动,着重发展人工智能、汽车、纺织服装等产业领域并调动地方积极性,构建一批有影响力的世界级产业集群,落实产业链现代化发展。

(2)强化内外协同

强化内外协同需要促进国内标准与国际标准接轨,坚持开放合作与独立自主相互促进，以形成具有更高附加值、更强创新力的中国制造业产业链。强化内外协同的重点是要求龙头企业积极吸取国际化先进经验，将核心技术及重点资源作为目标，在世界范围内展开国际化并购重组，并参与国际标准制定，开展技术创新、综合整合资源、深化创新合作，利用国内外两个市场，促进创新资源汇聚，加强技术交流，提升中国制造业产业链的自主可控能力。

（3）强化要素协同

强化要素协同应充分发挥市场经济资源配置的决定性作用，并根据市场价格、竞争和规则配置工业要素，以达到效益最大化的目的。中国政府也要不断完善监管体制，有效结合"放活"与"管好"两项配置，将各类要素与先进生产力汇聚在一起，提高要素配置的灵活性、科学性和协同性，同时应以国家制定的政策协同作为保证，推动人力资源、科技创新等要素优化组合，并将实体经济发展作为导向，形成以信息、技术、知识、人才等先进要素为支撑的竞争新优势，从而推动制造业价值链高质量发展。

（4）强化"两业"协同

为加快服务型制造的示范推广，促进制造业与生产性服务业深度融合，应大力推进个性化定制、项目集成总承包、业务整体解决方案、在线运维、融资租赁等服务制造新模式。一是要围绕国家先进制造业重点领域和工业设计专项计划实施，培育壮大龙头企业和工业设计研究机构（基地），增强创新设计意识，提升企业价值链控制力，推进制造业与生产性服务业融合发展。二是要加大对智能装备研发投入，推进智能化改造升级，提高生产效率和产品质量。要积极培育新型职业农民，支持创业带动就业；鼓励发展众创空间，完善社会化服务体系。大力发展"互联网＋现代农业"，应将产业化和市场化作为导向，推进价值链、产业链、创新链的融合，构建"政产学研资"紧密合作的创新生态，建立共性技术平台，促进成果的应用与转化。

（三）推进制造业产业链现代化的保障措施

1. 形成多层次推进机制

应重视政府与市场合作，政府应负责出台完善的规章政策，并强化战略研究，引导企业专注于业务发展和技术创新。市场则需要充分发挥自身在配置资源时的决定性作用。中央与地方政府需要各司其职，推动制造业产业链的现代化进程,在推进产业链上通下达时,要坚持"上通下达、下通到底、内引外联"原则;对于地方而言,需要以自身特色为优势,实现错位发展,形成上下联动、区域协同的发展格局。

2. 完善共性技术供给体系

完善共性技术供给体系,必须加快发展国家制造业创新中心,鼓励龙头企业主导构建产业技术创新联盟,协同攻关关键共性技术,快速建设产业创新中心和产业技术服务体系,推动科技成果转移转化和规模产业化发展,促使产业创新活力和价值得到激发;构建产业技术基础服务平台,提供检验检测、实验验证、中试熟化等公共服务,培育和扩大系统集成和解决方案供应商,为智能制造、绿色制造、工业互联网改造等产业创新发展提供服务。

3. 加强要素资源优化配置

加强要素资源优化配置,即合理配置要素资源,要求对土地供给、投入资金及环境保护等问题加以重视并解决,保证资源要素的合理配置。同时,需要加大人才培养力度,完善激励机制,充分发挥企业全体人员的工匠精神,并优化营商环境,重视知识产权的保护,从而更好地激发企业创新能力,吸引到更多的工业要素。

4. 优化企业协作发展生态

龙头企业应充分发挥带头作用,并在相关政策的支持下,对产业生态加以优化,引导中小企业对现有市场进行细分,并将"专精特新"作为发展方向,促进各类企业进行深度合作,在供应链、产业链和创新链中发挥优势,构成良好的链式发展生态。同时,企业之间应协同开发产业关键共性技术,并与各类主体融通创新,在行业中逐渐掌握发展的话语权。

5. 加大财税金融扶持力度

为了扶持财政金融的发展,政府需要将增值税税率进一步降低,并采取加快出口退税进度等税收政策,促进金融财政等行业对制造业创新提供支持。同时,为产业基础再造工程设立专项资金,利用现有政策资金,盘活现有产业发展基金,增加重大技术装备首套、新材料首版和软件首版补贴及保险补偿,完善政府采购首购首用制度。

二、制造业产业链发展历程及未来变化

（一）制造业产业链发展历程

中华人民共和国成立以来，一直优先发展重工业，为工业体系的构建奠定了良好的基础。由于一些原因，如工业要素不充分、发展不平衡等，我国存在工业产业结构失衡的现象。中国将发展重心逐渐从轻工业转向重工业，包括食品、纺织等在内的轻工业比重降低了34%，而电力、石化、机械、冶金等重工业的比重显著提高。直至20世纪50年代末期，机械工业成为我国的第一大工业行业。改革开放时期，中国逐步结合市场和工业要素特点，对工业结构进行了缓慢调整，并提升了居民收入，放松了日用品消费管制，这一时期轻工业实现了长足的发展，所占市场经济比例也快速提升，直至20世纪末，纺织产业、电子通信产业先后成为我国工业中的支柱产业。

20世纪末，重工业在我国的发展仍然朝气蓬勃，伴随着外资引入以及城市化建设，我国工业化逐渐呈现资本深化的特征。21世纪初是中国基础工业重要的扩张阶段，煤矿开采等行业占比日渐提升，逐渐进入扩张周期，并且纺织等轻工业占比有所下滑。2010年以来，人口红利期逐渐消退，土地和能源等传统要素成本日益攀升，资本回报率降低。这一时期，工业结构在新形势下面对供需结构与要素结构的变动也需要进行优化升级，从而导致技术型行业快速发展、资源型行业缓慢发展。举例来说，化工、冶金等产业占比降低，计算机、汽车制造业等产业占比提升。

2018年以来，城市轨道交通、工业互联网、5G技术、新能源汽车充电桩以及人工智能等领域的基础建设成为工业发展的热点，这些新产业基础设施能够带动产业链上下游行业发展，从而为未来新技术、新经济的发展奠定基础。中国经过数十年的发展，已经成为联合国中唯一拥有全部工业门类的国家，其中包括41个工业大类、207个工业中类、666个工业小类，构成了具有独立性和完整性的现代工业体系。中国有200多种工业产品产量稳居世界第一，在世界500多种工业产业品中占比约为40%，主要包括手机、汽车、钢铁等行业。其中，中国2020年汽车产量为2522.5万辆，销量2531.1万辆，销量为全球第一，拥有十多万家汽车零部件企业，是汽车产业链最为完整的国家之一。另外，2020年中国华为、小米和vivo手机出货量位列全世界前五，也能看出中国手机产业链的优势。

(二)制造业产业链发展优势

合理完善的工业体系,能够实现产业细化分工,有助于提高建设效率以及工程弹性。施振荣曾提出"微笑曲线"理论,即整个产业价值链的曲线上,附加值更多地体现在研究与设计、销售与品牌这两端,而处于中间环节的制造附加值最低。若从曲线底端向两端逐步迁移,有助于后发企业建立竞争优势。中国许多领先企业虽然实现了产业价值链的向上迁移,但是制造业整体优势还是在于制造环节,也就是中间环节,这在国际上并没有产业发展优势。跨国公司进入中国市场,普遍还是希望进军高端市场,而我国完善的产业链致使市场被细分,本国企业就可以抓住机会,占有细分的市场,并不断提高研发和创新能力,不断顺着产业价值链向上迁移。由于改革开放初期,中国的国有企业普遍以乡镇企业的形态发展,导致在知识产权和技术方面认识不足,直至这些企业开始吸收外来先进经验,这种情况才开始有所缓解,加快了技术革新的脚步。

20 世纪 20 年代末期,中国科研院校的经费拨款体制有了一定变动,政府财政拨款减少,从科研机构转向市场,通过服务企业和产业获得更多项目和资金,使得企业能够利用外力,提升技术及生产效率。我国制造业的最大优势在于制造能力强,并且拥有高效、完善的产业链支持。在接下来的时间里,性价比是中国工业产品最强的竞争力来源,这是由于中国拥有大量人力和庞大的产业规模,因此实现产业质量和价格之间的平衡是中国制造业企业未来的发展方向。企业在这一过程中,可以通过资源整合及产业专业化分工来制造工业产品,为社会提供所需的产品及服务。对于国家来说,则需要重视产业安全,加强对产业整体的控制,不断提升我国产业的竞争力。

(三)制造业产业链发展变革

随着西方发达国家的工业战略回归,中国制造业逐渐转移至低成本国家,因此中国必须抓住新一代技术发展的重要时机,大力发展智能制造技术、物流技术等先进技术,促使我国产业链不断上升,早日完成产业链重塑。特别是全球化变化趋势较大,国际上各个国家的产业链都与其他国家环环相扣,一旦国际产业链出事,谁都无法独善其身。因此,新冠肺炎疫情发生以来,各个国家都越发重视本国独立完善的产业链建设,这将会减少其他国家对中国的依赖,全球产业链"去中国化"将会成为趋势。中国工程院于 2019 年对 26 类有代表性的制造业产业进行了比较，发现其中有 5 类产业居世界领先地位，分别为通信设备、先进轨道交通装备、输变电装备、纺织、家电。世界先进产业有 6 类，分别为航天装备、新能源汽车、发电装备、钢铁、石化、建材。与世界差距大的产业有 10 类，分别为飞机、航空机载设备及系统、高档数控机床与基础制造装备、机器人、高技术船舶与海洋工程装备、节能汽车、高性能医疗器械、新材料、生物医药、食品。与世界差距巨大的产业有 5 类，分别为集成电路及专用设备、操作系统与工业软件、智能制造核心信息设备、航空发动机、农业装备。部分产业对国外依赖程度大：其中 2 类产业对外依赖度高，占比为 0.77%；8 类产业对外依赖度极高，占比为 30.8%。中国在高端芯片、集成电路产业、中心控制系统以及仿真软件等产业，普遍基础较差，部分领域核心关键技术受制于人，不利于中国产业链的发展。

三、健全和完善制造业产业链

随着全球化进程加快，国际经济与中国经济之间的联系日趋紧密，中国经济的快速发展也给世界经济带来了巨大的影响。中国制造在世界产业链分工体系中所占据的地位越来越重要，中国经济对世界经济增长的贡献率多年来可达 30%。但由于疫情的影响，全球产业链无法避免地受到了冲击，结构重组迫在眉睫，中国的经济发展也必然会受到较大冲击。疫情冲击下，中国生产经营活动也受到了影响，特别是外贸企业订单大幅减少，并且由于物流防控等原因导致无法出货，许多中小型企业甚至面临破产的窘境。另外，海外与中国合作的企业之间的供应链、产业链存在中断的风险，并且许多中国制造业需要从海外进口大量的工业零部件、原材料及关键设备，疫情防控也可能导致供应链中断。可以看出，新冠肺炎疫情让全世界认识到了公共卫生安全的重要性，也意识到了维持世界经济体系稳定的重要意义。只有积极应对可能出现的风险与挑战，才能在最好的时机让全球资源重新洗牌。本次危机中，全球产业链、工业链的安全运行都受到了巨大的冲击，需要世界各国人民共同作出积极应对，强化本国经济体系，重点建设产业体系，促进产业链、工业链的完善建设，提升其应对危机、预防风险的能力。

中国虽然是制造业大国，但我们也必须重视自己的短板，我国经济和社会在发展过程中还存在不平衡、不协调等多种问题，同时，制造业在发展过程中缺少一些核心技术和关键设备，许多制造业的供应链、产业链有待健全。因此，我们应提高紧迫感，对世界经济及产业结构加以充分分析，制订符合现阶段中国制造业状况的中长期发展计划，解决制造业产业中存在的问题，从而有效提升现代化生产能力及技术水平，以构建更加符合中国经济发展需求的制造业产业链。

为了达成上述目的，可以从以下几个方面着手。

首先，抓住全球制造业产业链调整的重要时机，充分利用大数据技术，及时收集信息并加以分析，重点分析可能影响到我国产业链、供应链的问题，并明确攻关我国产业链、供应链的薄弱环节，着重研发制造业所需的原材料、关键技术以及生产环节，促进我国制造业整体水平提升。

其次，中国具有广阔的市场，时常能吸引到海外投资商对我国项目进行重点投资，因此我国企业必须重视保护自身的知识产权，优化外资环境，吸引更多的海外投资。同时，加快推进国内价值链升级与国际价值链对接，并强化与"一带一路"沿线国家和地区的投资合作，在"一带一路"倡议的背景下吸引更多有实力、有条件的优秀海外企业投资我国产业链市场，从而带动中国科研能力和产业开发能力的提升，进一步提高我国的政治经济地位及世界影响力。

再次，要进一步改善外商投资环境，吸引更多的海外高端制造业和关键零部件生产企业落地，打造先进制造业和关键产业链、供应链、研发链外商投资高地，形成先进制造业体系，解决好当前存在的产业链、供应链隐忧，拓展上下游产业的发展空间。此外，还要支持国内有条件、有实力的制造业企业积极投资海外市场，加强与国外一些先进制造业企业和研发机构的投资合作，以此带动提升中国产业开发实力和科研能力。

最后，中国要建立起一个具有一定规模和特色的、独立完整的工业体系和全产业链，并不断巩固其现有地位，促进产业升级转型，推动产业向价值链高端攀升。第一，要立足中国国情，合理利用空间地域内丰富的劳动力资源，促进中国产业结构调整与升级，推进产业布局和产业结构梯次转移。第二，以市场为导向，推动中国产业向超大规模、不同层次结构、满足市场需求的方向转变。第三，在区域空间布局规划中，要建立完善的区域经济协调发展潜力评价体系，综合考虑各地区的资源禀赋和要素条件，因地制宜地发挥各地的比较优势，优化生产力布局，形成以国内产业链为基础的完整的供应链。第四，加强对金融等方面的扶持力度，完善相关的技术支持政策，培育壮大市场主体，促进产业发展与升级，优化产业链和供应链布局。第五，支持中国企业使用国产设备和技术建设产业链，并推动中国形成区域、企业和产业之间的生产、供应互补，实现生产的细化分工，有效提升生产效率。

另外，需要关注的是不管是低端企业还是高端企业，都是由多个环节组成的完整的产业链。因此，在建设制造业供应链、产业链的过程中，必须站在全局的角度上来考虑问题，提供对策不能因小失大，也不能割裂地看待问题，这些都不利于中国产业体系的构建。

四、"互联网+"制造业产业链的升级

（一）"互联网+农业"

"互联网+"技术在农业中已经得到了广泛应用。例如，在畜牧养殖业中，数字化生产记录、环境监控、自动投喂技术、病毒监测预警等对确保畜牧养殖安全都具有重要作用，能够有效减少人力成本的浪费，并且在保证质量、提升安全性及经济效益方面都发挥强大的效果。同时，"互联网+农业"在生产线上的应用，通过计算机的管控，有效提升了信息传递效率，有助于企业建设规范化和标准化管理，切实实现了信息化带动工业化。

（二）"互联网+纺织产业"

纺织行业的生产线具有产品种类多、生产量大、周期长等特征，需要经过"棉花种植—采摘—布料纺织—染色—设计—生产—销售"的全过程，也给生产线提出了较高的柔性化要求。而且纺织业的入行门槛不高，同时生产技术难度不大，通常由中小企业承包，由于电商逐渐挤占市场，企业原本的固定产品和较大订单量都有所下降。如果缺少工业互联网的支持，企业之间就会存在信息交流阻碍。而与纺织产业相配合的服装产业数据流行性、季节性较强，企业之间缺少沟通，一旦市场信息出错或者滞后，纺织产业将无法准确判断市场需求，从而影响生产产品的流通，导致产品过时，一旦变成库存，只能亏本销售。互联网技术能够帮助纺织企业对整个生产线进行管理，从而更好地了解生产效率和布匹质量，同时有助于及时了解市场需求，更改设计、更换布料及调整生产数量，极大地提高了生产线的柔性化程度，由此可知，

中国纺织业的信息化程度有待进一步提升。

（三）"互联网+电商"

2015年前后是"互联网+电商"发展的门槛，在此之前，以淘宝为代表的电商平台主要以"图片+文字"的形式吸引人群。在消费者看来，这种形式不够立体，可能带给其不好的消费体验。这一时期，产品鱼目混珠，网络环境鱼龙混杂，也给优质卖家带来了不好的体验。在此之后，互联网技术快速发展，衍生出了网络直播的销售模式，"人物、货物、场所"三个关键元素在一场直播中汇聚一堂，有效提升了网络市场的真实性，能够将产品的优势最大化展示出来，也降低了消费者试错的成本，极大地激发了电商的潜力。目前，以快手、抖音等短视频平台为代表，开启了"互联网+N"的新型电商世界，有效激发了人们创业的热情。供给侧、需求侧都是产业链的一个环节。同时，生产、制造、营销、售卖等环节也是产业链中的重要环节，生产企业和市场需求的交流互动越频繁，就越有助于中国产业实现蓬勃发展。

（四）"互联网+供应链"管理

以顺丰快递、京东快递、极兔快递等为代表的物流公司，都是"物联网+供应链"的成功案例。他们的成功在于以物联网技术为核心的仓储配送方式。通过物联网调配商品，并进行自动包装、分拣以及分配快递员，极大地节约了人力和时间成本，快速物流配送也有效地节省了仓储成本。

第三节 机器工业产业链发展

一、提升工业基础能力，加强产业链建设

（一）以问题导向，抓准"四基"提升工业基础能力

"四基"是工业整体素质和核心竞争力的体现，是数字化、网络化、智能化的基石，是工业高质量发展的支撑。"四基"是依托于核心技术和共性技术紧密相连，共同组成工业基础能力。"四基"在工业现代化建设中具有基础性作用。工业现代化离不开"四基"，从国家层面上看，我国要实现工业化就必须走新型工业化道路。加强"四基"建设对提高我国工业整体素质和核心竞争力具有重要意义，也有利于推动我国工业向网络化、智能化方向发展。

从物理学上看，"四基"可以分为四大部分。首先，将基本的零部件和元器件组合形成整机，相关的物理单元汇集成生产线；其次，将几种物理变化、化学变化、生物变化等合成工艺技术路线，只有拥有先进的基础工艺才能有先进的技术经济指标；再次，金属与非金属材料、半导体材料、化工原材料等是所有工业制成品的母体；最后，产业技术基础包括试验设施、质量检测认证、计量标准核检传递、节能环保安全技术保障、各类技术信息服务平台，这些产业技术基础都是我国工业实现发展与创新的有力支撑。但我国的工业基础能力仍然没有跻身发达层面，仍然有核心技术受制于人，元器件、原材料及装备设备大量依赖进口，导致我国产业无法独立支撑起我国经济的需求。同时，产业基础能力不强，无法通过智能制造和精准制造强化我国制造业对于工业发展的供给能力。更何况我国各地区发展不平衡，工业水平在1.0~4.0不均匀分布，导致智能化程度不足。因此，我们必须采取有效措施开展"工业强基工程"。

首先，结合具体行业，检查中国工业基础能力不足的原因并具体制定土坯项目方案。也就是说，每个行业都应列出具体缺少的元部件、原材料、核心技术或者装备设备等的项目明细并逐一落实。举例来说，在机器人制造行业，需要重点关注传感器、伺服电机等的研发，并积极寻找代替装备或加强创新。而且，这一过程并不意味着巨细无遗地寻找漏洞，而是以行业重点为基准，找到最容易推动行业发展的难点和痛点，通过深入分析工业基础能力，多措并举，促进行业水平有效提升。

其次，将跨行业、复合型强的重点产品作为关键，开展"一站式"协同攻关。确定总体重点产品和工艺，从研发、设计、制造到应用的全过程，从材料、工艺、加工到组装，组织产业链协同攻关。例如，各种机床中使用的控制器和各种生产线中使用的控制系统，包括控制程序软件和仪表执行器等硬件，有很多共同点。在《工业强基工程实施指南》中，列出了传感器、控制器、控制系统等16个"一站式"应用方案。又如高铁列车的"轴承"和地铁城轨车辆的"轴承"，应用场景相似，可以组织冶金、机械加工、铁路、地铁等部门联合攻关，彻底解决这一"痛点"。

再次，结合"产学研用"，将核心技术与共性技术组合起来，形成行业专用工程技术，从而奠定坚实的工业基础能力。研发是为了使用才开展的工作，只有"用"才能不断优化和完善自身，才能进入市场进行流通。"用"还有一个含义，就是"用户"，用户参与产业生产过程，才能更好地了解各个环节，提供珍贵的使用感受和改进建议，从而给研发提供经验，这也有助于推动产业实现成果转化，并缩短研究周期，提高生产效率。工业基础能力的发展要求企业积极参与国家重大专项和行业共性技术难题的研发，督促其把研发成果转化为企业专业实用技术。

最后，着重发展"专精特新"的中小企业，德国、日本、中国等国家都在大力推进"四基"工作。2016年，我国"制造业单项冠军"评选结果揭晓，共有四批共514家企业入围，树立了行业标杆。这些企业拥有的共同品质主要为以下几点：第一，专注执着。坚持以市场需求为导向，聚焦重点领域，瞄准高端需求，不断开发新技术、新工艺和新装备，引领行业发展方向。第二，精益求精。注重品质管理，严格按标准生产，保证产品品质优良。第三，注重技术创新。这些企业都十分重视创新工艺、设备以及管理模式。第四，重视品牌建设，建设良好的品牌，有助于提高企业凝聚力，吸引顾客积极消费，并形成良好的口碑。第五，推动包括中小企业在内的各行各业制造业企业做精做强，从而有效促进中国制造业发展。

除此之外，工业和信息化部发布了《产业技术基础公共服务平台建设管理暂行办法》，其中提出支持各类"平台"将社会服务作为中心。例如，技术管理咨询服务平台可以在市场化运作方面发光发热。信息服务平台的出现，给各种企业提供了大量的应用场景模拟和发展解决方案，有效促进了实体行业与互联网技术的融合。

（二）加强产业链建设，提升产业链能力和水平

"巩固、增强、提升、畅通"，这八个字是2018年中央经济工作会议提出的，巩固成果、提高微观主体活力、提升产业链水平、畅通国民经济循环。2019年的经济工作会议又进一步强调要提高产业链现代化水平，并出台了一系列政策来促进产业链的升级和完善。产业链是国家产业体系中最基本和重要的单元，也是整个社会经济运行的基础。没有完善的产业链就不可能形成完整的产业体系。只有通过产业链整合才能使我国的产业结构得到优化升级。企业和产业得到了良好的发展与建设，国民经济才能有效增长。

产业链的定义需要从以下几个方面进行总结：

一是从产品产生的整个过程来看，它包含了研究开发、设计购买、加工销售直至产品使用、报废回收等整个过程的物流、资金流和信息流，其中科学技术和现代管理贯穿于整个过程。二是在整个经济活动过程中存在着不同的行为主体，如设计者、投资人、承建方、供应商、制造商、销售商，甚至是消费者，在企业内部各部门之间、企业与外部环境间都存在相互联系与制约的关系。产业链就是这样一个有机整体。三是从产业组织理论来看，产业链具有如下特征：链条结构紧密相连。例如，发明人、设计者、投资人、合伙人、承建方、生产过程中的供应商、制造商、销售商以及下一道工序的顾客或最终消费者构成了利益相关方，产生了价值的积累与分配，伴随着不同主体的协作与合作。四是着眼于国际视野，中国制造业产业链已经延伸到全球，生产要素在更大范围内合理流动，可以在国内外市场，集合国内外资源，来实现资金和技术的流动，形成新的生产力。

中国工业领域产业链技术水平低，缺乏竞争力，在全球价值链中处于中低端的位置，缺乏核心关键技术，近几年大量企业盲目无序外迁，对国家经济发展和社会的稳定安全构成了威胁。

质量是核心，效率是关键，创新是动力变革。低端过剩与高端不足并存的局面正在改变，消费者需求呈现多样化、个性化、高端化趋势。提升产业链供给能力和水平要抓住质量和品牌这两个要素，质量品牌上去了，增加值也就上去了。中国的工业增加值率为22%~23%，发达国家为35%~40%。2018年前三季度我国工业企业主营业务利润率为6.49%，低于美国近几年的平均水平8.5%；中国企业的人均利润仅相当于美国的1/3左右。从规模看，中国已成为全球最大的汽车生产基地、最大的家电产销大国、最大的机床工具生产国。然而，中国还不是制造强国。中国制造业全员劳动生产率约19.5万元，为美国的19.2%，德国的27.8%。工业万元增加值能耗仅为0.95吨标煤，是发达国家的两倍；我国人均GDP仅相当于全球平均水平的1/4，而德国则为2/3左右。我国的企业劳动生产率仅为日本的1/4，韩国的1/10。从全国来看，劳动力成本比发达国家高一倍多。因此，加快新旧动能转换，构建现代产业体系，新兴产业的发展和改造升级是重中之重。目前我国高技术产业占工业增加值的比重为14.1%，已经初步形成了以"两个中心"建设为主线的现代产业体系；还需发展数字经济，促进跨界融合，推动企业与虚拟经济、实体经济深度融合，加快产业链数字化转型。

近年来，由美国引发的贸易摩擦已扩展到科技、人才、金融等领域，美国不断对中国进行封锁打压。我们必须清醒地看到，我国的科学技术总体水平还比较低，与发达国家相比还有很大差距，尤其是一些关键技术长期受制于人。从当前来看，最重要的问题就是自主创新能力不足。自主创新包括基础研发原始创新、集成创新和引进消化吸收再创新三大方面的内容，重点是要加快技术的转化与产业化。企业是科技创新的主要承担者，大、中型骨干企业要加大研发投入，要有自己的研发中心和技术团队；中小型企业则要依托产业链协作、依托社会公共服务平台。在行业层面上，伴随着行政体制改革，原有的行业研究院和设计院已公司化并走向市场，行业共性技术研发攻关受到削弱。这个层次的技术多属应用型，专业性强，国家鞭长莫及、难以覆盖，企业实力有限难以全部承担。如电动汽车的技术难点是动力电池，企业各自为战，久攻不克。工信部组织相关科研、生产单位，由有色研究院牵头于2016年组建了国家汽车动力电池创新中心，取得了进展。行业共性技术攻关落实了，产业链的科技水平就会得到提升。

打好污染防治攻坚战，实现产业链绿色低碳转型，关键在创新。在污染防治工作中，既要降低能源消耗，又要推进能源四个革命，即大力发展可再生能源，优化能源消费结构；节能降耗和减排治污，不仅涉及生活资料、生产资料生产过程中的能耗问题，还涉及产品在运输、储存、加工、储运等整个消费环节的能耗问题，以及产品的报废回收等全生命周期的能耗问题。因此，要加大环境投入力度，严格落实环保法规定的各项制度和措施，强化监督检查和考核，促进企业实现近零排放，切实保护生态。

发挥产业联盟和协会、商会作用，促进产业链各类企业协调发展。一些大企业也开始向数字化和智能化迈进，打造行业典范，建立自己的信息服务平台，帮助更多的中小微企业成长起来。航天科工、航天云联网、三一重工、树根互联、海尔家电……这些企业都有各自的特色，COSMO平台、红领服装、魔幻工厂等都是它们的代表。政府机构改革、政府职能转变后，对行业管理提出了新要求。行业协会商会在构建产业链中可以发挥其独特的功能，一是作为政府与企业之间的桥梁纽带，承接政府购买服务和委托服务，政府相应地将不应该管理、不能管理或不能管理的职能交由市场承担；二是发挥协会商会的行业自律功能，保障产业链的健康发展，十九届四中全会将其定位为

"基层社会治理之本";三是作为"社会组织协商",开展企业与行业之间的交流互动,体现行业协会商会的合理诉求,保障自身合法权益。

在新技术革命和产业变革的时代背景下,世界各大经济体都在积极开展以工业机器人为主导的智能制造业。顺应这一趋势,国家相关部门相继颁布《机器人产业发展规划(2016—2020年)》《"十四五"智能制造发展规划》《新一代人工智能发展规划》等文件,推动工业机器人产业的发展上升为国家战略。作为一种新兴的高端装备制造业,我国工业机器人行业正面临前所未有的历史机遇与挑战。未来5至10年内,中国有望成为世界第一大工业机器人市场。经过深入分析与综合评估,可以明确预见,工业机器人对中国整体提高社会生产力具有支撑作用,同时,对中国加快经济转型、建设创新型国家具有重大贡献。

二、工业机器人产业链发展

(一)中国工业机器人产业发展现状

1. 国内工业机器人产业的发展阶段

20世纪70年代,我国工业机器人产业刚刚起步,1970—1985年是发展初期,主要研究工业机器人理论;1986—1990年是技术研发时期,政府对工业机器人的研究投入大量资金并制订了详细的研究计划。1991—2000年是工业机器人的"原型开发期",这一时期中国优先研发了计算机数控机床等方面的相关技术,为奠定工业化基础和推动机器人商品化发挥了重要作用。2001—2010年,工业机器人的发展进入了"初步工业化期",我国首次规模化地在反恐军械、深海载入、高精切割等领域应用了工业机器人。2011年至今是工业机器人的快速发展期,这一阶段工业机器人在应用、采购和生产等方面数量都大幅增加。在此期间,中国逐渐取代了日本成为全世界最大的工业机器人市场,销售数量约占全球工业机器人市场的33.3%。

2. 国内工业机器人产业的产量状况

由于我国对工业机器人的研发十分重视并在政策和资金方面予以大力支持,同时由市场需求所带动,中国工业机器人的产量增长十分强劲。据相关报告显示,2012年中国工业机器人产量约为5000台,2013年达到近万台,2014年已达到12000台以上。工业机器人的产量增长率达到了109%。在此之后,工业机器人产量更为猛烈地增长,到2017年已经突破了130000台。

3. 中国工业机器人产业的应用情况

中国工业机器人主要在金属加工行业、电子电气行业、烟草行业、汽车行业、塑料及化学制品行业等得到了广泛的应用。其中，汽车行业约占比33%，电子电气行业约占比27%，金属加工行业约占比10%。

（二）中国工业机器人产业的领头羊企业

1. 新松机器人

2000年，新松机器人企业成立，该公司是以机器人技术为核心，提供全智能产品及服务的高科技企业，隶属中国科学院。新松公司在全球机器人企业中是产品线最全的厂商之一，同时拥有中国最大的机器人产业化基地。新松机器人企业主要以机器人和相关软硬件技术为主要产业，是中国机器人行业的第一家上市公司，在引导中国机器人行业发展中起了良好的带头作用。

2. 博实股份

1997年，博实股份成立，其公司的主要业务是为工业机器人系统提供解决方案，主要活跃于汽车、食品、化工、冶金等行业，是中国少有的既能自主研发，又具备成套生产条件的公司。经过多年发展，公司已形成了以自动化设备为核心业务，涵盖智能装备、智能物流、智慧工厂、工业互联网、新能源等领域的多元化产业格局。近年来，博实股份先后在欧洲、非洲30多个国家和地区进行产品出口活动，产品指标达到或接近国内领先或国际先进水平。另外，博实股份于2017年成为"中国智能制造百强企业""中国人工智能企业TOP100"。

3. 北京机械工业自动化研究所

北京机械工业自动化研究院是隶属机械工业部的专业科研机构，始建于1954年，现隶属中央直属大型科技企业——机械科学研究总院。自动化所受中国机械工程学会所属《机械制造工艺》杂志社支持，是一家集产品研发、系统集成、技术咨询、培训教育等于一体的专业化高新技术企业，已形成了以自动化（含制造业自动化和信息化）、单元技术、集成技术、机器人技术及相关配套技术为主线，集研发、生产、销售为一体的综合自动化与信息化技术领域内的多专业综合性的高新技术企业。自动化所内设"863"计划智能机器人产业化基地、制造业自动化国家工程研究中心、机械工业自动化生产力促进中心，并通过国家验收。已为长春客车、重庆力帆、潍柴动力等几家著名企业提供了工业机器人研发服务。

4. 广州数控

广州数控是广东省内的重点装备制造企业,其主要承担国家863重点项目《中档数控系统产业化支撑技术》。2006年起,广州数控开始研发工业机器人,现已完全实现工业机器人的系列化生产,其主要负责码垛机器人、搬运机器人的生产,负责工业中搬运、装卸、焊接以及喷涂等工序,生产过程中各项工艺实现自动化。2016年,广州数控公司获得了"广州创新百强企业"的荣誉称号。

(三)中国工业机器人产业链分析

中国工业机器人产业链根据上下游关系可以分为原材料环节、零部件(上游)环节、机器人本体(中游)环节、系统集成(下游)环节、应用环节等多个环节。

一是原材料环节,传统原材料(不锈钢、铝合金及铸铁等)和新型材料(碳纤维、尼龙及树脂等)是工业机器人的原材料,相对比较简单。二是零部件(上游)环节。这一环节主要有伺服电机、控制器、减速机以及执行系统等,这些都是工业机器人的核心技术。其中,伺服电机是核心驱动结构,较难开发;控制器是工业机器人开发的配套设备;减速机是由刚性壳体内的齿轮传动、蜗杆传动、齿轮—蜗杆传动所组成的封闭的独立部件,开发难度最高。三是机器人本体(中游)环节。这一部分主要负责加工和组装工业机器人的手臂、支柱和底座等部件以及减速机等零部件。工业机器人可根据机械结构形式的不同分为圆柱坐标型工业机器人、直角坐标型工业机器人、关节型工业机器人和并联型工业机器人。其中,关节性机器人的生产和应用量较高,并且功能十分强大,因此我国多数企业都以生产、研发关节型机器人为主要工作。四是系统集成(下游)环节。这一环节的主要工作在于开发、集成工业机器人应用系统,也就是在本体上安置执行机构,控制工业机器人实现不同应用功能。工业机器人可以根据应用的不同,分为装配机器人、焊接机器人及搬运机器人等类型。五是应用环节,本环节是负责让工业机器人在自动化设备中完成搬运、分拣、上下料、装配、焊接、喷涂、检测等大多数生产线的工作,从而降低人力成本,提高生产效率,实现自动化生产。

但是我国工业机器人产业链的发展和应用方面仍然存在许多问题,包括缺乏核心关键技术、机器人性价比较低、零件过分依赖进口、在国际市场中竞争力低、盈利空间较小等问题，这些都给我国工业机器人的发展带来了挑战。

（四）中国创新发展工业机器人产业的模式选择和支持政策

现阶段，工业机器人的发展过程中普遍存在知识嵌入、产学研的协同和创新等情况，其在中国产业的发展过程中呈现网状特征，这意味着我国不能复刻美国的自然成长模式以及欧洲的横向集群模式，只能结合我国实际情况，走上"网络协同创新"的道路，具体包括以下几点：首先，构筑跨行业、跨产业链的合作网络。创新是一种复杂现象，它包括技术创新、管理创新和制度创新三个方面。在这个意义上说，创新就是多要素的联合作用。因此，创新也可以看成是多种因素协同作用的结果。这种新的发展模式需要政府在经济、技术、社会政策等方面给予大力支持，同时要注意调整产业结构，加强产业组织和技术创新。其次，在产业结构上，政府应制定相应的支持政策，对机器人控制器、服务器及减速器等战略性科技领域进行集中攻关，促进我国本体产业快速发展；同时，加强基础研究工作，加快建立完善我国工业机器人研发体系，提高工业机器人关键零部件及系统产品的制造能力。再次，推进技术创新体系建设。政府应制定相关支持政策，鼓励大企业建立自己的创新网络，以促进我国工业机器人企业的发展；要加大政府采购力度，引导社会资金进入机器人行业。此外，还应该完善相关法律法规，为我国机器人产业健康发展保驾护航；加强知识产权保护工作，促进技术创新与成果转化；加快人才培养的步伐，以提升我国机器人产业的整体竞争力。我们还应该借鉴发达国家的经验，制定统一的技术标准，建立有效的防止专利技术贸易壁垒的贸易争端解决机制。

我国政府在产业技术创新体系方面，不可否认地发挥了重要作用，在推动、协调和财政支持方面都有效推进了制造业产业的发展。此外，我们必须知道企业是工业机器人产业的创新主体，要促进企业构建完善的激励机制和技术转移机制，将企业活力释放在制造业发展的道路之中，可使其更多地为产业发展做贡献。

第六章 健康服务产业链发展

第一节 健康服务产业链的整合

健康服务业是由若干相互关联的部门组成的产业集群,其发展不仅要依靠其各细分行业充分发挥作用,而且要依靠各细分行业之间高效率的战略合作。从整体角度看,我国健康服务业发展还处于起步阶段,但已成为国民经济新增长点之一,并将成为下一步经济结构调整与优化升级的重要内容。因此,必须对其进行深入而系统的研究。目前,中国的健康服务业面临着健康服务与医疗服务脱节、健康保险与健康管理脱节、社区卫生服务中出现"过度医疗"现象、"医疗服务碎片化"及商业健康保险冲击下的健康管理市场秩序混乱等诸多问题,而这些问题又主要集中于社区卫生服务机构内部所产生的一系列问题。从理论角度分析,上述问题均源于健康服务相关环节之间缺乏有效的产业链整合,从而造成健康保险、医疗服务和健康管理三个主要部门之间存在严重的信息不对称和交易成本过高,进而使得整个健康服务体系配置效率低下。因此,实现健康服务产业链的有效整合就显得尤为重要。

一、健康服务产业链的基本概念

关于这一领域的理论探讨主要集中于三个方面:一是对产业链内涵的理解;二是对健康服务产业链各组成要素之间关系的认识;三是对健康服务产业链整合问题的思考。健康服务产业链涉及健康产业、健康服务业和产业链等多个相关概念,这些相关概念在不同文献中的界定不尽相同,只有梳理好这些相关概念,才能对健康服务产业链进行定义。

(一)健康服务业

健康服务业从整体上看属于健康产业,属于一个新兴产业概念。健康管理专家白书忠认为:"健康产业包括管理健康与预防疾病两大领域,其核心是以产学研产品为基础的健康服务,而健康产业又可细分为医疗相关产业和健康相关产业两大类。"陶呈义则提出:"根据人们对健康消费需求及服务提供模式的不同，可以把健康产业划分为医药产业、保健品产业、健康管理服务产业等三大基本产业群。"综合以上观点，健康产业是指提供各种相关产品与服务以维护健康、修复健康、增进健康的产业集合。健康产业可以分为两大类：一类是以提供实物健康产品为主的健康产品制造业（如制药、医疗器械及保健品生产等），另一类是以提供服务为主的健康服务业。健康服务业涉及多个具体领域，国务院发布的《关于促进健康服务业发展的若干意见》规定，我国健康服务行业主要包括医疗服务、健康管理与促进、健康保险以及相关服务三大类。其中，医药产业包括生物制药、中药制药；保健品产业包括保健食品、功能性食品、化妆品及药品研发制造；健康管理服务产业包括医院、社区保健机构、家庭医疗保健系统等。健康服务是一个新兴的支撑产业，其中又以医疗器械和健康产品制造业为代表。这三大行业是健康服务业的主要部门，对健康服务业的研究也是围绕这三大部门展开的。

（二）产业链

关于产业链，国内学者从产业关联、价值链与供应链、战略联盟等多角度进行了界定。其中，产业链理论作为研究企业间关系最重要的基础理论之一，被广泛运用于各个行业。但是，对于产业链究竟如何理解？其含义又有哪些呢？学术界一直没有统一的说法。在诸多定义中，郁义鸿的定义较为流行。他认为产业链是指从一种最终产品的生产加工开始到消耗全部的自然资源和能源，再到最终产品向消费者提供服务的整个生产链条。他还提出了产业链与产业之间、产业链与产业之间以及产业链内部各环节之间的关系。

但是，现有研究多集中于对某一具体的实物产品进行分析和探讨，而忽视了整个产业链（包括农业、制造业），具体有以下三个问题：一是只关注服务产品本身，而忽略了整个产业链（如旅游产业链、健康服务产业链等）；二是只关注某一特定的行业或企业，而忽略了其他相关行业或企业在整个产业链上的作用以及与自然资源之间的关系，即"生产加工过程"；三是它只适用于初级状态下的最终产品的生产加工，而不是整个产业链上的每一个环节，因此不能作为一种有效的治理机制或产业组织模式来使用。这就造成了产业链上各环节之间相互联系、相互影响的程度不够明确。同时，缺乏对整个产业链进行有效整合，就会导致产业链管理不善、功能失调及资源配置不当等问题。为了弥补这些缺陷，我们将产业链定义修正为具有中间产品投入关系（纵向产业关联关系）且产出独立的不同生产过程之间的非完全市场交易型的各种生产组织的总称。对于该定义，需要特别说明以下几点：

首先，这里的中间产品既包含原材料等实物型的中间产品，也包含中间服务。其次，产出独立的意义在于最终产品可以独立运行并出售，而这一生产过程的产出并不具备专用性特征。如果生产工艺 A 的输出对生产工艺 B 具有完全专用性，说明 A 只是 B 的辅助生产过程，不能称为独立行业，产业链上的每一个环节都应该是独立行业，因此 A、B 不能构成产业链。最后，产业链并不是一个孤立存在的概念，它是由众多的产业关联关系所组成，这些产业关联关系在一定程度上决定着整个产业链。因为在一般情况下，上游和下游之间的产品交换主要依靠市场交易实现，而市场交易又可以分为纵向交易和横向交易两种方式。如果两个上游企业和下游企业之间的中间产品交易完全是以古典合约为基础的市场交易，那么它们就不构成产业链，只有当上下游企业之间通过纵向控制、纵向长期合约、战略联盟、纵向一体化等非完全市场化的纵向交易关系进行中间产品交易时，才能说它们形成了某种形式的产业链。

（三）健康服务产业链

概括起来，健康服务业主要包括健康保险、医疗服务和健康管理三个主要部门。从产业链的基本概念出发，将健康服务产业链定义为：以一定的产业关联关系为基础形成的医疗服务、健康管理和健康保险三个主要健康服务部门的非市场化的各种产业组织模式。

二、健康服务产业链的环型产业关联结构

实物产业链中包括厂商、制造商、零售商等多层产业关联结构。其中，上游厂商通常为供应商以及中间产品制造商，下游厂商通常为最终产品制造商或零售商。健康服务产品一般沿着这样的产业链进行上游企业到下游企业再到消费者的单项链条流动，但服务行业的产品不能利用这种产业链来概括。杨丽娥认为，旅游产业链不具有制造业产业链中通常的那种"纵向链环关联"，而是一种"横向的联系"，其每一个环节都是直面消费者的，如饭店直接为消费者提供餐饮，酒店直接向消费者提供住宿等，因而并不像一般制造业产业链那样存在明显的中间产品投入关系。

健康服务产业链也属于服务业，产业关联结构相似，医疗机构、健康管理机构和健康保险机构部门之间并不存在上下游产业关联关系，也没有中间产品，直接向消费者提供服务。其中，医疗机构提供诊断和治疗服务，健康管理机构提供健康体检、评估等服务，保险机构提供保险服务。但需要注意的是，健康服务机构不仅向消费者提供了最终服务，还通过合作给消费者提供了一些间接的中间服务。例如，健康保险机构除了本身提供的基本服务外，还能够代理消费者进行医疗服务机构的监督工作，健康管理机构还能为消费者提供医疗档案、快速就医通道，医疗机构则能为消费者提供转诊服务。这些间接的中间服务将三个机构联系在一起，形成了一个"环形产业关联机构"。

三、健康服务产业链的纵向整合模式

消费者在与各健康服务部门进行交易时，由于信息的不对称和合约的不完全而产生了大量的机会主义行为，使得医疗卫生服务体系整体资源配置效率下降。医生与患者之间存在严重的信息不对称问题，"过度医疗"现象时有发生，这不仅增加了患者的道德风险，也使得医疗费用不断上涨，进而恶化了医患关系；此外，由于缺乏有效的信号传递和信息甄别机制，大医院对基层卫生服务机构的控制力度不够，从而影响了医疗资源配置。此外，还存在着逆向选择和道德风险等现象，这又进一步加剧了这种失衡状态。因此，消除这一市场失灵是我们面临的重要任务。为解决上述问题，必须进行制度创新，在传统医疗服务与健康保险模式中注入新的激励机制与治理机制，可以通过以下方式解决。第一，可以在不改变健康服务各部门间交易治理机制的前提下注入新的激励机制，如健康保险公司采取起付线与共付等医疗费用支付模式，可在一定程度上降低患者与医疗机构"过度医疗"风险；或者是重新整合健康服务各部门产业组织模式，构建新型医疗服务与治理机制。第二，可以对整个健康服务产业链进行重组，形成新的治理机制。

因此，通过契约关系把各个利益主体联系起来形成一个整体来协调他们间的利益冲突成为解决这一问题的重要途径。目前，如何实现健康服务产业链上各环节之间的有效衔接和整合，使之发挥最大的效益，已成为合理配置医疗卫生资源、深化医疗卫生体制改革的重要课题之一。因此，如何提高医疗资源利用效率是摆在政府面前亟待解决的重要课题之一。目前国内学术界

对于医疗卫生服务体系整合的理论探讨较多，而实践探索还很少见。医疗卫生服务体系中各要素之间存在着复杂的关系。Kodner 和 Spreeuwenberg 将医疗服务整合分为筹资、管理、机构、服务提供和临床五个不同的领域。Kutz 和 Nies 根据整合程度把医疗服务整合划分为连接与协作网络、完全整合和部分整合三种类型。魏来认为，在我国医疗卫生服务整合中，最重要的是资源整合而不是服务整合。产业链是由多个环节组成的一个系统，而健康服务部门又是整个健康服务产业链中最重要的一环，因此如何实现医疗服务机构之间的资源整合成为摆在健康服务部门面前亟待解决的问题之一。

（一）产业链纵向整合理论

产业链纵向整合意味着重新调整产业链各环节企业之间纵向交易关系治理机制，可以利用产业经济学的相关理论开展研究。

产业经济学中的横向与纵向交易关系理论有两大流派：目前比较流行的是新古典经济学和新制度经济学两种学说。新古典经济学对纵向交易关系进行了较为详细的分析，并从规模经济、市场势力、市场范围以及产业生命周期等方面解释了纵向交易关系形成的原因。新制度经济学则从产权、委托代理和交易成本等方面来解释企业之间纵向交易的形成原因和影响因素。这些理论都在不同程度上为纵向整合提供理论依据。但是，它们也存在一些局限性。Stider 认为企业进行纵向一体化可以降低进入壁垒，减少竞争对手数量，从而使自己在竞争中处于有利地位，并最终超越竞争对手。但是由于产品在整个生命周期内的市场范围有限，因此如何确定一个合理的市场范围来降低企业平均成本，从而达到降低企业平均成本的目的，成为实施纵向关系战略的关键。新制度经济学、交易成本经济学以及剩余控制权理论为研究不完全合约下的纵向一体化问题提供了新的视角。威廉姆森及克莱因等人将交易成本经济学中的交易维度引入资产专用性程度的分析之中，提出了"治理结构匹配假说"，即在资产专用性较低的情况下，采用一体化治理方式可以降低事后的讨价还价成本，从而使一方获得比另一方更多的可占用性准租来弥补另一方的损失；新制度经济学则从信息不对称的角度研究了纵向交易关系形成的原因及其作用机理。新制度经济学还提出了企业间关系治理的概念、纵向一体化、剩余控制权理论。哈特、格罗斯曼、莫尔等人的剩余控制权理论（或称新产权原理、GHM 模型）则从横向角度论证了企业进行纵向一体化经营可以有效地降低企业的专用性投资。

新古典经济学与新制度经济学都是建立在纵向交易关系理论基础之上的，但新古典经济学更强调通过降低生产过程中的生产成本来实现企业间的纵向关系组织模式优化，而新制度经济学则更关注通过降低交易成本来实现企业间纵向关系组织模式的优化。新古典经济学派的核心概念包括生产函数、均衡价格和利润最大化；新制度经济学家的核心概念包括产权界定和交易费用。这两个基本概念之间存在着密切的联系。基于此，本书提出了基于成本观的纵向交易关系整合策略选择模型。生产成本与交易成本之间存在着一定的联系，企业实施产业链整合战略可以降低其生产成本，但同时也会增加其交易成本。因此，新古典经济学和新制度经济学的纵向交易关系理论可以分别应用于解释产业链纵向整合模式的不同类型。

（二）健康服务产业链纵向整合模式

健康服务产业链通常由医疗机构、健康保险机构、健康管理机构三类节点企业组成。在不同的经济动机下，"纵向整合战略"是构建健康服务产业链的重要策略之一。在这一过程中，各利益主体会依据自身对产业发展规律的把握程度而采取不同的策略来实现各自的目标。这些因素决定着各主体之间必然存在一定的互动关系。据此形成了健康保险主导型、健康管理主导型和医疗服务主导型三种健康服务产业链的纵向整合模式。

1. 健康保险主导型整合模式

健康保险主导一体化模式就是以健康保险公司作为整合主导者，对医疗机构与健康管理机构进行纵向整合，即管理式医疗，它是当前健康服务产业链上最成熟的纵向整合模式。管理式医疗指的是由一个或多个独立于某一特定主体的机构组成，其目的在于实现与该主体相关的所有利益相关者之间的协调，而不是将其视为一个孤立存在的个体，因此它不同于一般意义上的保险机构或其他医疗机构的纵向一体化管理模式，而是基于新制度经济学的视角来研究纵向一体化过程中的雇佣合约及科层治理问题。事实上，管理式医疗组织也可以看作是一个纵向一体化的产业组织模式，它通过建立纵向约束下的排他性协议以及签订长期合约来实现这种产业组织模式的目标。

例如，在美国的管理式医疗组织中，健康维护组织（Health Maintenance Organizations，简称HMO）有五种组织模式，即团体模式（私人公司与某一大型多科医疗团签约）、职员模式（医疗机构属于 HMO 所有，医生是 HMO 的雇员）、网络模式（HMO 与不同的医疗服务机构签约）、独立开业协会模式（个体医生与独立诊所协会签约）和直接签约模式。其中一种，如职员模式体现为健康保险与医疗服务纵向一体化，即医疗机构属于 HMO，医生属于 HMO，其收益由 HMO 提供的固定工资和绩效工资构成，其余四种模式表现为健康保险对医疗服务纵向约束。另一种典型的管理式医疗组织是通过签订排他性服务合约将医疗机构与健康保险公司联系在一起，由健康保险公司向医疗机构收取一定比例的保费，从而实现对健康保险公司医疗费用的有效控制，打破整个产业链上的纵向壁垒。

健康保险主导整合模式将管理式医疗作为代表，能够对医疗机构和健康管理技工进行激励，使其对服务成本加以控制，防止出现"过度医疗"的现象，同时避免增加医疗费用以及保险赔付率。在健康保险主导整合模式中，有几种至关重要的激励和治理机制。

（1）预付制

预付制是相对于项目的后付制而言的，其含义为健康保险公司事先按照相关标准预先支付一部分费用，如门诊费或按病种分类的住院费。预付制的作用在于转移保险公司承担的风险，有效激励医疗机构对费用的控制，减少过度医疗的道德风险。

（2）初级医师首诊制

初级医师在健康服务产业链中，主要负责给患者提供初级医疗服务、日常健康预防服务等，他的存在能够有效减少注册会员的生病概率，对医疗费用加以管控。对于初级医师来说，其拥有会员的首诊权，能够有效避免出现过度医疗的现象。

（3）医疗监督制

医疗监督制包括临床路径管理和质量报告卡，其可以通过这类管理工具监督和干预医疗决策，对预付费制度进行补充。其中，临床路径管理是指保险公司以权威机构发布的标准为理论，限定不同病种诊疗内容的范围，一旦超出该范围将不给报销；质量报告卡则是根据相应指标考核医疗机构的诊疗费用及效果，并在有需求时公布结果，利用这种竞争机制来对医疗机构给予激励。

HMO作为管理式医疗模式的重要补充，在减少过度医疗、降低道德风险、遏制医疗费用上涨趋势等方面发挥了积极作用，并已获得大量实证数据支持。根据国际健康研究学会发布的报告，HMO比传统赔付型保险可以节省14.7%的保险范围用于医疗服务；但是HMO对医疗质量有更高的影响，其补偿效果高于传统的给付型保险。当医疗服务质量未下降时，HMO较传统赔偿支付保险效率增高了18%。

2. 医疗服务主导型整合模式

医疗服务主导型整合模式在理论上包含医疗机构与健康保险的整合和医疗机构与健康管理的整合。在实践中，医疗机构对健康保险进行横向整合时，往往是以医疗机构对健康管理进行纵向整合为主，中国新型两级医疗卫生服务体系中，大型医院以提供专科诊疗服务为主；社区卫生服务机构以提供社区居民日常全科医疗服务和健康管理服务为主，因此医疗机构对健康管理机构的纵向整合主要表现为大型医院与社区卫生服务机构的整合，是"医疗服务+健康管理"的健康服务产业链纵向整合模式。在此以江苏省无锡市为例，探讨大型医院对社区卫生服务中心纵向整合的实践及启示。吕少丽等人研究发现，从横向看，大型医院与社区卫生服务供应商之间的纵向整合可分为三种类型："院办院管""对口支援"以及"单项合作"型；产业链整合视野下，"院办院管"呈现出大型医院到社区卫生服务机构的纵向一体化发展态势，"对口支援""单项合作"表明大型医院和社区卫生服务机构之间存在一定的纵向战略联盟关系。在此基础上提出的"双向转诊制"十分关键，对于提高医疗服务质量和效果具有极其重要的积极意义。

一是有助于解决"医疗碎片化"问题，保证连续性的医疗服务。"医疗碎片化"的含义是说在医疗服务过程中，由于协调机制的不完善、系统性不强等因素，无法满足患者的连续性医疗服务需求，最终增加了医疗成本。

新古典经济学认为医疗服务范围是有限的。所谓范围经济，是指某厂家经营的是两个产品，而非两个独立厂家单独经营的成本较低，反之则是范围不经济的现象。因此，要提高医疗服务效率，必须对不同类型的医疗机构实行合理分工与专业化建设，以降低患者治疗费用，同时建立社会医疗保险制度，促进医疗卫生资源合理配置。如果医院与社区卫生服务机构之间缺乏必要的整合，双方没有形成稳定的分工协作机制，在社区卫生服务机构康复护理等健康管理服务结束后，部分患者不能及时、持续地获得医疗服务，这样医疗效果就不能得到很好的维持，这不仅损害了医疗服务质量，而且也加重了患者的医疗负担，即医疗服务范围不够经济。如果医院与社区卫生服务机构在纵向上实现了有效的融合，如建立了长期的纵向战略合作关系，那么医院就可以将需要后续医疗的患者及时转诊到与其建立了长期合作关系的社区卫生服务机构进行康复护理，从而实现了医疗服务的连续性，同时降低了患者额外购买大量康复护理服务的成本，这就是医疗服务的范围经济性。

二是对分级医疗的实现有帮助，有助于更好地配置医疗资源。分级医疗的含义是对患者进行分级，小病可以在社区医院解决，大病才去医院，从而能够高效率配置医疗资源。首诊制是分级医疗实现的基础，社区全科医生既能在社区通过日常医疗来为小病患者提供治疗，还能负责将患有较大疾病的患者转诊至高级医院，这种分级避免了高级医院的医疗资源被低效配置。但是，中国的发展现状导致这种"双向转诊制"难以有效推广，原因主要在于社区卫生服务机构功能不够健全、社区全科医生数量不足等。

3. 健康管理主导型整合模式

相对于以上两种健康服务产业链纵向整合模式，健康管理主导型整合模式出现较晚。商业健康管理公司在医疗服务中占据着重要地位，是实现纵向整合的主要力量之一。在国外，中国的商业健康管理业有了一定的发展，出现了很多优秀的商业健康管理公司，如慈铭健康、爱康国宾、国康网、美年健康和东软熙康等。但是这些企业都是在医疗服务行业内开展健康管理工作，而不是在其他行业中进行。这说明我国健康产业还处于初级阶段，"互联网＋医疗服务"的商业模式尚不成熟。"互联网＋医疗服务"，就是一种比较典型的商业健康管理的经营模式：商业健康管理公司首先在医疗机构和客户之间搭建一个中介平台，利用这个平台为客户提供健康档案管理、体检、健康评估、专家咨询、就医绿色通道、专家约诊等健康管理服务，并赚取增值费用。以携程网为代表的"互联网＋旅游业"是近年来发展最快的在线旅游服务模式之一，它将健康管理服务和寻医成本相结合，充分发挥了网络经济带来的规模经济效应。以北京慧聪网为例，其2003年成立之初，年销售额只有1个亿；到2005年销售额已达到2个多亿；2008年销售额近3个亿。爱康网自2004年成立以来，当年实现营业额超过100万元，到2006年已达到近

1亿多元,是前两年的100倍以上。"互联网+医疗服务行业"的兴起和发展,为线上健康管理经营模式带来了新的契机。其中一个重要的缺陷是:随着注册会员的增多,健康管理网站的资产价值对医疗机构专用性的要求也不断提高,即脱离了与医疗机构的合作关系,健康管理网站提供的各类健康管理服务的价值会大大降低,但卖方市场上的医疗机构对健康管理网站提供客户资源的依赖性不强,或者医疗机构资产的通用性较高。从交易成本经济学角度来看,由于资产专用性较低,在进行市场治理时往往会出现一些问题,如当企业的治理结构中存在一方拥有可占用性准租时,就容易产生"敲竹杠现象",使企业承担较大风险;医疗机构通过健康管理网站提供医疗服务时,往往是事后付费,而不是事先付费,这就造成了健康管理网站在服务收费上存在较大差异。这些都会致使健康管理网站的信誉贬值和丧失竞争优势。

健康管理网站、商业健康管理公司和医疗机构之间形成"线上健康管理服务供应商—线下医疗服务供应商—用户"的"线上线下相结合"的健康服务产业链整合平台,已经成为行业发展的趋势。在这种情况下,传统的"鼠标+混凝土"经营模式逐渐成为被淘汰出局的对象。但在整合过程中,仍然有部分互联网健康管理服务企业利用这种新型商业模式取得较好成效。2007年初,爱康网完成了国宾健检的换股合并,成立了爱康国宾体育文化传播有限公司。爱康国宾作为国内知名的大型体检机构,在行业内率先建立起了线上、线下一体化的权威机制,"咨询导医—线上业务—体检—医疗服务—线下业务"这样一个完整流程,有效地降低了医疗机构之间的机会主义行为,节约了交易成本;同时,这种互联网健康管理服务与实体型医疗服务纵向一体化的"鼠标+混凝土"运营模式也有助于会员资源的进一步锁定和挖掘,进而在产业链基础上形成一定程度的纵向进入障碍,更有利于提升企业在产业链上的市场实力和核心竞争力。

(三)基于产业链整合的发展中国健康服务业的政策建议

1. 允许健康保险公司开办医院,发展管理式医疗

这是国际上流行的一种新型医疗服务方式。这种服务方式可以缓解当前看病难、看病贵等问题,但同时存在着一些潜在风险。这些风险主要包括道德风险和逆向选择风险。目前,中国商业健康保险普及率较低,存在着后付制和社会医疗保险体制不健全等问题,"过度医疗"现象严重,导致社会医

疗费用上涨过快，加剧了医患紧张关系。在这种情况下，我们应转变传统的管理式医疗模式，由政府主导建立以健康保险公司为主体，由健康保险公司与其他医疗服务机构共同参与，以预付制为基础的管理式医疗体系来解决"过度医疗"带来的道德风险问题，并将其纳入商业医疗保险中。

2. 加大资金投入，积极拓展社区卫生服务机构功能建设

一是加强政策扶持，在公共财政支持方面给予一定的倾斜力度。二是完善筹资机制，通过建立多层次、多渠道的投资渠道，吸引社会资本参与到社区卫生服务中来。三是拓宽筹资途径。一方面鼓励健康保险公司、健康管理公司或各类医院采取举办、托管、战略合作等方式介入社区卫生服务领域，形成政府财政投入之外的多元化社区卫生服务融资体系；另一方面社区卫生服务机构也要尽快从单一的"社区门诊"模式转向"社区健康管理"模式，不仅要提供社区日常诊疗服务，还要为社区居民提供"家庭医生""健康档案""康复护理"乃至"社区养老"等多种健康服务。提高社区全科医生的业务素质和能力，推行"双向转诊制"，开展分级医疗。

3. 促进其他行业与健康服务业融合创新

医疗服务、健康保险和健康管理是构成健康服务产业链的三个基本环节。健康服务部门在产业链整合中发挥着主导作用，形成了以养老为基础、以体验型旅游为主线、以老年健康管理为辅的多种服务业态。这些新兴产业既是健康服务业发展的内在要求，又为健康服务行业带来巨大商机。目前，我国健康服务业尚处于起步阶段，存在诸多问题。其他行业与健康服务业的融合，既能满足人们日益提高的多方面健康需求，又有助于培育新的经济增长点，提供更多的就业机会，可以重点培育这一新兴行业，加快产业升级，促进我国经济转型。

第二节 大健康产业发展

一、理论研究

（一）健康经济学、健康中国及大健康产业

美国学者在20世纪初就已经在健康领域采用了经济学的研究方法，目前健康经济学已经成为经济学的重要分支。中国健康经济学的研究才刚刚起步，并且具有浓厚的中国特色。全国卫生与健康会议（2016年）指出，要把推进健康中国建设作为重大民心工程来抓。当前我国经济处于转型升级时期，随着人口红利消失、资源约束趋紧、环境污染严重等问题日益凸显，迫切需要转变经济增长方式，促进人与自然和谐共生。这对我国未来经济社会可持续发展有着重大意义。根据党的十八届五中全会战略部署，2016年10月，《"健康中国2030"规划纲要》印发，其中将加快健康产业发展列为新时代五大重点任务之一。大健康产业作为一个特殊商域，"以人民健康为本"的大健康理念已成为中国大健康产业发展的共识。在推进健康中国建设的过程中，政府应发挥重要作用，成为推动大健康产业发展的行动向导；把握这一契机，需要从个体、产业、社会三个层面协同开展共建共享的社会协同，在与个体、产业、社会的相互交融中培育发展大健康产业。

（二）大健康产业培育和发展

1. 大健康产业内涵与外延

大健康产业具有独有的运行规律，与其他传统健康产业不同，大健康产业并非没有产业边界，而是更加强调产业集合和关联产业融合体的范畴。从《"健康中国2030"规划纲要》中涉及健康管理、健康服务、体育康复产业、医疗产业等方面来发展健康产业，能够发现大健康产业包括传统健康产业，在内涵方面，核心为医疗、医药产业；在外延方面，以健康养老、健康服务、健康管理、健康环境等产业为支撑，并不断向文旅、地产、体育等关联产业扩展融合。大健康产业的范围在GB/T4754—2017《国民经济行业分类》中被设定为13个大类。在狭义方面，大健康产业是指直接向患者提供健康预防、治疗、康复等产品和服务的经济部门的总和。在广义方面，大健康产业包含狭义上大健康产业的内容，还包括间接（非直接）为患者和非患者提供的健康保健产品和服务的经济活动。由此可见，大健康产业实现产业融合是以健

康行业为主导的，其内涵属性为产业数学、产业属性与公益属性相结合，就形成了大健康产业的外延含义。

2. 大健康产业发展动因及其影响

大健康产业在发展过程中，与社会、经济、政策等因素密切相关，并且具有特殊性的商域。根据相关理论，健康产业发展的影响因素主要包括基础因素、企业因素、资源禀赋、制度安排、产业链、市场结构、市场需求。在研究内容上，我们主要集中于省域或市域层面，而对大健康产业的研发投入、消费升级以及人口老龄化问题关注较少。研究发现大健康产业与旅游业、养老服务业等产业都可以通过创新实现融合。

3. 大健康产业发展路径与模式

创新是产业发展的核心动因，所以形成创新生态系统是促进大健康产业发展的基础，有助于促进业态创新协同共生。健康产业发展路径的现有研究主要有体系建设、要素完善、文化培育、机制保障与创新多方面。大健康产业在融资与创新方面充分对包括众筹模式、互联网信托模式、大数据金融模式、P2P模式在内的互联网金融加以利用，实现保险资金脱虚向实的有效应用。大健康产业在发展过程中，大力吸引各种社会力量，对新兴技术加以应用，对国际经验加以借鉴，从而形成了健康产业发展体系。大健康产业发展模式从世界范围来看，可分为如下几种。以美国波士顿剑桥为代表的生物医药产业集聚区模式、以德国图特林根为代表的医疗器械产业集聚区模式、以日本富山县为代表的医药产业集聚区模式、以印度班加罗尔为代表的仿制药产业集聚区模式、以日本静冈县为代表的"医药制造＋医疗＋旅游"模式、以美国罗切斯特为代表的"医疗＋养老＋旅游"模式和以阿联酋迪拜为代表的养老产业集聚区模式等。中国一些地区借鉴了国外发展模式，并结合自身基础，同样形成了具有地方特色的健康产业发展模式。

（三）产业链及大健康产业链

产业要想实现高质量发展，必须采用全产业链这种战略发展形式，展现出产业链资源整合的思路，这种思路可以从两个层次来认识：一个层次是单个产业价值链，表现为同一产业纵向整合的链上下游各要素环节，另一个层次是多维产业空间链，表现为横向整合的不同产业链间各要素环节。基于产业链主题的视角，学者们围绕着党中央提出的"产业链现代化"理念，从产业链整合、产业链集聚、产业链现代化、产业链协同创新、产业链升级等方面进行了深入研究，同时，他们还聚焦于智慧养老产业、体育旅游产业、数字文化产业等产业优化发展路径，以期给大健康产业链的培育与创新提供有益参考。

二、大健康产业发展面临的机遇和挑战

中国发展大健康产业，面临着两大机遇。

一是健康中国战略的实施对大健康产业发展形成有力支撑。为实现全民健康和全面小康目标，以习近平同志为核心的党中央把维护人民健康放在优先发展的战略地位，将大健康产业发展摆在更加突出的位置，提出了大健康产业发展"快车道"的新要求。党的十八届五中全会明确提出要加快推进健康中国战略实施、大力发展大健康产业，形成全周期保障人民健康的体系。国务院在 2016 年发布的《"健康中国 2030"规划纲要》指出，中国将坚持预防为主，促进人的全面发展。

二是深化改革，为大健康产业的发展提供动力。党的十八大以来，党中央全面落实了深化改革，不断推进各项改革，增强改革的系统性和协调性。通过深化改革，我们成功破解了一系列制约我国经济高质量发展的体制机制障碍，促进收入分配更加公平，城乡关系更加和谐，推动区域协调发展取得了新进展。同时，通过实施创新驱动战略和供给侧结构性改革，推动经济转型升级，促进产业结构优化升级，加快形成强大国内市场，实现了我国经济平稳较快发展。深化改革给大健康产业带来新动力。深化改革是后疫情时代应对新冠肺炎疫情影响、实现消费振兴的重要举措，也是培育壮大新兴消费业态的重要抓手。

中国大健康产业的发展，面临着以下三方面的挑战。大健康产业在各国都逐步得到了重视，特别是西方发达国家普遍将大健康产业作为经济发展战略，来提高本国经济地位。医药健康行业巨头早在 20 世纪 80 年代来到中国市场巩固地位，部分新兴发展中国家渐渐提高了对大健康产业的重视。如此激烈的竞争环境，挤占了中国的健康行业市场。例如，诺华集团、阿斯利康等都成为阻碍中国大健康产业链实现现代化发展的阻力。另外，西方发达国家（以美国为首）不断对中国进行经济制裁和技术封锁，严重破坏了我国大

健康产业的部分关键产业链。

一是突发公共事件挑战。21世纪以来，全球范围内发生过一系列突发卫生公共事件，最为严重的当属2003年的SARS事件以及2019年的新冠肺炎疫情。尤其是新冠肺炎疫情，影响范围广、传播性强、破坏性大，对中国经济和产业发展产生了深远影响。疫情之初，中国就采取了严格的管控措施，包括旅游、餐饮、航空等在内的行业几乎陷入瘫痪。以旅游业为例，根据《文化和旅游部2020年第一季度全国旅行社统计调查报告》，2020年一季度全国旅行社国内旅游接待人次同比减少了81.65%。更加深远的影响是，新冠肺炎疫情的全球扩散阻断了部分中间产品的供给，部分大健康产业的全球供应链受阻。

二是产业配套监管不足。国家在健康中国战略的支持下出台了一系列的政策，有效地为大健康产业的发展提供了支撑，但也存在一些亟待解决的关键问题。首先，无论是政府的政策文件还是学术界，都没有统一界定"大健康"的概念，也没有明确规定大健康产业的范围及边界，不利于大健康产业的核算统计。其次，缺乏完善的法律法规和部门监管，产业边界模糊、具体范畴不清，且缺少统一的产业标准，导致大健康产业各专业职能部门之间缺乏必要的沟通与协调，缺乏相应配套的法律法规来保证大健康产业的规范运行。再次，大健康产业发展缺乏相应的行业引导与规划，导致产业之间缺少协同创新，形成同质竞争局面，不利于大健康产业可持续发展。最后，大健康产业的发展无章可循，各省市在开展大健康产业时存在许多重复建设、无序开发的现象，导致产业同质化，这些问题都严重阻碍了我国大健康产业的进一步发展。

关于大健康产业发展环境分析，国内已经有一些学者进行了相关研究，但多数都是从省域角度出发，无法有效指导中国大健康产业在顶层设计方面的发展。

三、大健康产业发展现状及趋势

（一）中国发展大健康产业的优势

1. 产业基础优势

一是有雄厚的工业基础。大健康产业跨越了第一、第二和第三产业，而中国在联合国产业分类目录中拥有41个大类、191个中类和525个小类工业门类，完整的工业体系为中国建立大健康产业全产业链奠定了良好的基础。二是具有良好的生态基础。大健康产业是一个由全产业链构成的复杂体系，其发展对改善生态环境具有重要意义，在"建设生态文明"背景下，提高了中国人民保护生态环境的总体质量和生态意识。截至2019年年底，全国337个地级及以上城市中，有157个城市环境空气质量达到或优于国家规定标准，占全国总数的46.6%，优良天数占全国总数的82%。全国森林覆盖率达22.96%，湿地保护率达52.19%，城市建成区绿化覆盖率达41.11%。三是发达完善的交通网络支撑着产业发展。我国以高速铁路和高速公路为主骨架的全国交通网已基本形成，已建成世界上最大的高速铁路网络和最长的公路客运线路——京沪线和沪杭线。2019年我国高速公路通车总量达到14.96万公里，铁路通车总量达到13.9万公里，其中高铁通车总量超过3.5万公里，占全世界所有国家通车总量的2/3，拥有雄厚的资源基础。四是中国医药资源丰富。我国地理位置优越，中草药资源十分丰富，特别是大健康产业发展所必需的医药资源丰厚。同时，中药资源优势明显。中医作为我国传统医学文化的瑰宝和中华民族优秀传统文化的重要组成部分，在长期医疗实践过程中积累了大量宝贵经验，具有独特的优势和巨大的发展潜力。

2. 产业需求的拉动

中国居民人口结构的改变以及收入水平的提高，给人们的健康消费水平的提升带来了良好的物质基础，同时大健康产业也基于这种需求形成了巨大的市场空间。在消费领域中，居民2019年人均可支配收入为2.16万元，其中用于医疗保健支出的比例达到了2013年以来最高水平，居民对于健康的重视程度越来越高，同时也带动了整个健康消费市场的发展。在人口结构变迁方面，随着我国经济的快速发展和社会的进步，我国老龄人口不断增加，同时，随着国家实施三孩生育政策，我国新生儿数量也将会有所增长，这也为国内的消费市场带来巨大商机。研究发现，中国慢性病确诊患者的患病率呈逐年上升趋势，目前中国心血管病及慢性疾病的患病人群已超过2.9亿，且以65岁以上人群为主；慢性非传染性疾病死亡人数占总死亡人数的88%，慢性疾病的普遍化和低龄化问题十分突出。由此，人们的健康意识也逐渐增强，对健康的认识由注重治疗转向注重预防和健康促进，必然带来医疗保健、健康管理等产业需求的迅速增长。

3. 产业供给优化

随着中国经济发展进入新常态，供给侧结构性改革成为释放经济活力的主要抓手，大健康产业领域供给侧改革红利也不断释放，加速了中国大健康产业链的构建。在国家层面大力推进大健康产业发展的背景下，河北成为我国第一个国家级生命健康产业发展综合试验区，包括北戴河生物技术及药物研究院、北戴河海洋科学与工程研究院、北戴河新区生命健康产业技术创新平台、北戴河生命文化创意园、北戴河（海南）自由贸易试验区、博鳌乐城内医疗旅游先行区，国务院还批准设立了广西、贵州、山东三大健康产业发展示范区；在这些利好政策的驱动下，我国大健康产业呈现蓬勃发展之势，并逐渐形成以"互联网+"为代表的新型商业模式。大健康产业供给结构的不断优化，促进了该产业的快速发展并加速了大健康产业链构建。

4. 产业技术驱动

5G 技术的发展，促进了人工智能、工业互联网的发展，同时给大健康产业的发展与创新提供了动力。这些新兴信息技术和医疗健康技术的融合，能够催生智能医疗等医疗新兴业务，有效促进个性化精准医疗的发展。另外，大健康产业在中国的发展，离不开专业人才的培养。在这一背景下，全国有 39 所大学（包括部分医科大学）以及部分本科院校开设了相关专业。在国家政策引导下，部分医学院校和科研机构纷纷进入大健康领域开展研究工作。这些医科大学和科研院所与大健康产业的发展紧密相连，可以为大健康产业培育和聚集高端人才，为技术研发提供有力支撑。

（二）中国发展大健康产业需要克服的产业短板

1. 产业布局同质化

中国大健康产业在现阶段还处于发展的早期阶段，走上了以模仿为主要特征的传统同质化竞争之路。例如，缺乏顶层设计和统筹安排，大健康产业发展模式相似或雷同，没有形成具有自身特色的独特产业发展优势等问题，成为当前制约中国大健康产业发展的瓶颈，具体表现为：产品同质化严重、产业链短、空间链短。在此背景下，一些代表性企业纷纷将目光转向了拥有核心技术、具备较强核心竞争能力的领域，形成了具有一定规模和较强竞争性的"群马模式"。东部地区以前沿技术和高水平人才队伍为基础，形成上海张江医药产业园、北京中关村医疗产业园、苏州医药工业园和深圳国际生物谷等健康产学研一体化集聚区，中部地区以健康制造和特色健康服务业为重点，在中药材规模化加工种植、医药商贸物流和健康食品等领域占有较大市场份额。投资商对于房地产项目的过分关注，与大健康产业发展的本质背道而驰，给大健康产业的发展带来了"房地产化"的风险。

2. 产品服务低端化

近年来中国大健康产业发展势头强劲，与新一代信息技术结合，产生了许多新产品、新业态。但一方面，行业内部产品严重粗制滥造、低端复制仿制现象严重，导致了低端供给过剩；在全球医疗机器人产业中，中国的医疗机器人产品与国外相比差距较大，主要表现为价格高、质量差、功能少等问题，难以满足国内外零售商及消费者的需求。另一方面，中高端供给短缺导致中高端供给严重不足。此外，我国在该领域内还存在很多问题：一是核心技术缺失，自主创新能力薄弱；二是缺少知名品牌，难以满足市场需求。另外，还有部分产品是国外零部件的简单进口，国内组装后再销售，产业链低端化现象严重。5G、大数据、物联网、人工智能等新一代信息技术与大健康产业整合运用不足，虽已形成一定产业链条，但尚未形成产业优势。

3. 产业融合初级化

大健康产业与第一产业、第二产业和第三产业都有所交合，融合拓展性较强，但目前大健康产业的融合创新发展才刚刚起步，尚未形成完整的产业链条和有效的协同作用。此外，健康小镇与养老地产之间的融合程度不高，新业态并未形成。造成这一现象的原因主要是产业间存在较大差异和共享性差问题，导致上下游产业链不协调，不利于大健康企业整合产业资源提高利用效率。大健康产业产业链长、覆盖范围广、产业要素资源需求大等特征都致使中国现有的整合资源十分有限，导致大健康产业发展动力不足。

4. 产业要素供给不足

大健康产业的发展需要人才、资金等方面的支持。高技术含量的大健康产业对人才要求较高，且随着技术更新速度加快，大健康产业对数据要素的依赖程度越来越强。数据要素作为提升中国乃至全球竞争力和推动产业发展的关键要素，其重要性不言而喻。数据要素的非排他性和易复制性使数据不敢共享和无法共享，大健康产业出现"数据孤岛"现象。

四、大健康产业链和大健康产业体系

满足人们对各种健康（生理、心理、环境）需求的大健康产业，包含营养食品、保健用品、医疗产品、医疗器械、保健器具、健身休闲、健康咨询、健康管理等诸多与人类健康密切相关的生产与服务领域，涉及医药、养老、体育、旅游、地产、保险等众多细分行业。大健康产业链从要素源头到产出终端形成了完整的产业链，每个环节都有自己的优势与劣势，同时又相互联系，共同构成了整个产业链条贯通的基础。产业链和产业体系是产业动力系统的重要组成部分，它既是技术创新的内生动力，又是产业供需的基础条件，也是政府提供的政策支持的外生动力，只有将两者有机结合起来，才能充分发挥其内生动力和外生动力对产业发展的推动作用；从整体上看，其结构可分为"上游—中游"和"下游"两个部分。大健康产业是一个完整的大健康产业体系：从产业构成上看，可以分为基础保障层、中间衔接层和融合拓展层三个层次，大健康产业链是整个产业体系中最重要的一环。

从产业链与产业体系视角出发，用动力系统、核心链条、多层次产业、支撑系统这四要素来构建大健康产业链与大健康产业体系。

（一）动力系统

在现代化社会中最活跃的因素莫过于我国的第一生产力——创新，它是最具有革命性的因素，是大健康产业发展的核心。中国大健康产业的发展在不同城市中发展动力各有所不同，部分地区是政策驱动，部分地区是企业投资带动，也有一些地区是基于自身丰富的自然资源来实现大健康产业的发展的。在全球竞争的趋势下，大健康产业必须加速产业升级，实现技术创新，深度应用大数据、物联网、人工智能等先进技术，促进与传统产业的融合，这样才能在国际上被大众优先选择。大健康产业的驱动发展与创新的途径主要有以下几种：第一，充分利用与大健康产业融合的各项技术和知识，将大健康产业链的各个环节集成创新，通过知识和技术溢出，为大健康产业发展提供更多的空间。第二，利用大数据技术，我们可以促进信息流、物流和知识流的畅通，提升大健康产业的生产效率。第三，借助新技术的应用，积极推动健康生产模式与服务逐渐向数字化和智能化转型。

大健康产业的创新驱动模式主要有以下几种：第一，技术创新。重视大健康产业基础的研究，构建协同创新体系，突破核心技术，并加大对医药专利、高端仪器设备的资金投入力度，以不同人群的具体需求为主，开发实用性高、个性化强的智能健康产品，获得大量自主知识产权，实现技术创新。第二，模式创新。中国要想更好地发展大健康产业，必须重视学习西方发达国家的先进经验，并结合自身各个地区的不同资源和政策形势，建立符合地区条件的特色产业。同时，任何发展模式都是需要不断研究深化的，大健康产业模式的创新必须随着经济发展情况和区域条件不断变化。第三，业态创新。业态创新是指大健康产业与其他产业之间相互融合创新，促进各种新业态模式层出不穷。目前，人民更加注重健康生活，因此推动大健康产业业态创新具有积极意义。综上所述，模式创新、业态创新的基础都在于技术创新，技术创新与其他两种创新模式相结合能够刺激新的业态和模式产生，并进一步推动各种"新技术+大健康"的产业模式。另外，我们要注重新模式、新业态、新经济的培育与发展，把大健康产业做成创新产业，不懈追求技术创新、产品创新、管理创新和服务创新，以推动产业的持续繁荣与发展。

（二）核心链条

1. 企业链——由核心企业引领

企业链是由企业间的资金流、技术流和物流等多方面技术共同作用形成的产业链载体。从纵向看，包括上下游企业间的相互关系；从横向看，涉及整个供应链系统。产业链由上游企业提供原料或中间产品，再经过下游企业加工成最终产品，整个过程构成一个完整的企业链。首先，核心企业是形成竞争优势的关键力量，其在全产业链上发挥着重要的协同作用，对整个全产业链起着支撑和保障作用；其次，核心企业在市场中占据主导地位，负责制定统一的行业标准，掌握核心技术，通过协同创新形成合力，成为行业内的核心成员；核心企业之间也可根据自身特点进行合作，形成合力，提升企业链效能。反之，则会阻碍企业发展。

核心产业具备一定主导优势，可以主导产业链上的各个环节，并促进各环节之间协同发展，拓宽产业链的深度与广度。通常来说，核心企业需要掌握核心技术，并具备引领创新、发展核心人员等能力，才能主导大健康产业上下游资源的整合，并对企业进行分工协作的指挥，以便提升企业链效能。举例来说，医药制造产业通常具备先进的核心技术，能够对中西医药材资源进行整合和分配，具有较强的竞争优势；资金实力雄厚的房地产企业在设计与开发方面也具有较强的竞争优势，能够将健康小镇作为噱头，发展旅游、康养等类型的大健康产业。在数字化背景下，企业之间的工作分配已经逐步趋向于数字化、在线化，通过核心企业连接大健康产业的上、中、下游，促进产业的融合与协作，形成动态的企业合作。根据市场需求对供需关系和商业模式加以调整，以期在各个节点都能充分满足人们对于健康的需求，在企业链上实现多赢目标，为大健康产业转型升级和高质量发展提供市场主体基础与生态平台支撑。

2. 价值链——以价值提升为方向

价值链是指为了实现特定的价值目标，从上游的原料部门向下游的终端部门延伸的价值创造过程。价值链是企业获得规模经济的重要手段之一，通过提高价值链的传输效率，可以增加链上企业间的合作机会，从而带动整个行业向更高的水平发展，尤其对于一些链上价值增值附加值较低的产品来说，这种作用更为明显，特别是对中高端的产品而言，其推动作用更为突出。价值链整合有纵向和横向两个方向，大健康产业价值链纵向整合在上、中、下游各环节，一般有三种方式：第一，形成全国性产业交易平台，对产业链上的丰富资源进行梳理整合。第二，以某核心产业为依托，进行相关产业的辐射，形成产业链网，实现产业价值链的规模效应和增值效应。第三，延伸产业链。纵向一体化是通过对产品或服务进行细分并将不同类型的业务集中到一个平台来实现，以达到降低交易成本、增强竞争力的目的；而模块化战略又可以在一定程度上避免纵向一体化带来的风险。进行横向整合，能够促进产业价值扩散，提高产业集中度和竞争优势；在通过价值链整合提高产业链的创造能力和利润空间时，也要注重构建和培育分工体系，在产业价值的高端环节嵌入价值导向，可使企业和价值链之间形成更强的关联效益，以促进大健康产业链体系的完善。

3. 技术链——以关键技术为核心

技术链由产业链上的关键技术和核心技术构成，体现了产业链各环节的技术状况。从技术层面来看，技术创新可以分解为研究开发（R&D）、设计制造、营销推广以及售后服务等多个环节，每个环节都具有相对独立的特征和作用机制。从产业链的角度来看，狭义上的技术链指的是在整个产业链中处于核心环节的部分，它决定着整个产业的价值分布；从全社会层面来讲，技术链就是企业间围绕技术开发、成果转化等方面所进行的相互联系与协调活动。技术链与知识链相联系，通过知识链产生的外溢效应推动着大健康产业的发展。一方面，可以通过制定相关的关键技术标准、加强技术关联等方式来增强大健康产业的内生支撑，促进高新技术与大健康产业深度融合；另一方面，"互联网+"是大健康产业技术链整合的核心。大健康产业的边界随着数字经济的发展逐渐模糊，层出不穷的新产业和新业态都深入地推进了"互联网+大健康"的新业态形式，对产业运行模式进行创新，将有效联动整体产业发展，促使产业链整体效能得到有效提升。

4. 产品链——以顾客需求为导向

产品链的基础是产业链，是构成产品上下游关系的链条，是指原材料在产业链上下游运动并成为可支付产品或服务的过程。在顾客价值的引导下，提供满足顾客需要的产品或服务是实现产业链整合的根本出发点，产品链中各环节围绕顾客需要展开价值生产，只有符合顾客需要的产品和服务才具有价值。大健康产业的特点决定了它在整个产品链中所占据的地位，而不是仅仅局限于有形产品。目前，我国的大健康产业还处于起步阶段，与发达国家相比仍有很大差距，存在着一些亟待解决的问题。其中最主要的问题是产品质量差、服务水平低。人民健康始终是我国社会关注的中心话题之一，而满足人民日益增长的健康需求则成为政府工作的核心诉求，这就要求政府在提供健康产品类型选择上更加多元，在提高服务质量和成本控制上更加精细。产品链的升级应始终坚持以顾客需求为主线，推动产品制作分工深化与资产专用性提升，积极拓展高端业务与新型服务，提升中间产品与新型服务的创意性与附加值，推动产品链各分工企业新兴业务的高质量发展。

5. 空间链——以优化集聚为重点

空间链指的是产业链上的企业及产业链各子链间的地理空间布局，包含了地域间的距离、时空、环境、人文状况等复杂因素，空间链布局的重点在于产业集聚和优化布局。空间链越短，产业链间的空间联系强度越高，范围广度越大，区域承载能力越强。一方面，在产业链中各环节之间要避免"扎堆"现象，发挥产业集聚效应。另一方面，空间链作为一种新的资源配置方式，能够促进产业结构升级、推动技术创新，也能为区域创新体系建设提供支持，提升区域创新能力。因此，研究空间链可以提高区域竞争力。空间链上各环节之间存在着相互作用、相互影响的关系,因此在优化集聚过程中需要对整个产业链子链进行协调。空间链上的分布需要科学地量化出最佳集聚度,空间链上区域化、集约化的发展也需要通过集聚度的优化来实现,而集聚度的提高主要通过产业集聚区进退机制,发展评估指标体系,集聚区分合来进行。

(三) 多层次产业

大健康产业的定义、内涵和外延在不断发展的过程中被逐渐厘清,其产业范围逐渐拓展成为具有健康功能的产业集群,不再仅仅包括健康产品和服务。同时,大健康产业也实现了单产业向多产业融合的过程,为疾病患者及其他全生命周期人群提供全方位服务。

《健康产业统计分类(2019)》中对健康产业的概念和分类范围进行了进一步的区分和界定。扩大了健康产业的分类范围,并将其界定在以生产活动为主的健康事业上,使健康产业成为一个独立的统计范畴。本书以习近平总书记提出的"大健康"概念为基础,根据其内涵和外延,将其划分为三层:包括基础保障层、中间衔接层、融合拓展层。

首先,基础保障层产业。生物技术和医药科学为大健康产业的基础,因此大健康产业必须包含健康医疗产业、中西医药产业以及医疗设备器械产业等。开发关键技术和制造关键药物是健康医药产业的核心工作,能积极拉动化学制药企业、科研院所等协作进行新药开发,并要求医疗设备器械产业大力开发制造中国优势产品,而在高端医疗器械等细分领域加大自主知识产权的研发,将有助于构建强有力的产业链。同时,要大力进行第三方医疗服务的研究,并注重卫生检测、医学检验以及影像资料方面的医疗服务。

其次,中间衔接层产业。健康食品、健康环境、健康养老等都是支撑大健康产业发展的重要产业。因此,必须有效连接大健康产业基础保障层面和融合拓展层面。在健康食品领域,加强研发和资金投入,不断出产新的食品;在健康环境方面,加强健康环境的开发与建造,并积极开展环境污染治理、环境监测与评估等。在健康养老方面,应积极推进养老社区的建设,并推广智能家居养老,增大资金投入,建设嵌入式养老机构试点,激发健康养老市场潜力。

最后,融合拓展层产业。大健康产业不断与其他产业进行融合与创新,不仅为社会提供了与健康及其他行业密切相关的产品,不断实现了向外多元化延伸发展，健康地产、健康文体、健康旅游等多样化的形式都成为大健康产业的发展趋势。因此，对大健康产业链进行延伸，加大其与体育业、旅游业、农业、文化行业等多行业之间的产业融合，构建具有地域、行业特色的健康复合产业，将有效促进各类资源的整合与创新，推动健康旅游产业与健康养老、健康医疗医药的联动发展。

（四）支撑系统

1. 政策支撑

大健康产业是我国不同地区争相发展的重点产业，其市场需求广泛，发展前景好，但要想促进其进一步发展，需要有良好的产业政策支撑。第一，由于中国老年化现象日趋严重，新生儿出生率逐年降低，需要通过构建完善的社保制度来解决社会和经济在不断发展中产生的各种变化。第二，对于部分大健康产业发展水平较低的城市，可以用独立重点产业带动大健康产业的发展。例如，在健康服务产业，可以督促其与健康咨询、养老养生等产业进行融合发展。第三，由于大健康产业涉及行业较为广泛，因此其在发展过程中也会出现许多问题，需要结合其在发展过程中普遍遇到的问题，有针对性地进行解决，并开展政策试点，列出负面清单，从而提升大健康产业的发展优势。

2. 资金支撑

大健康产业的发展，需要大量的资金支持。这是由于大健康产业的发展必然离不开大量的基础设施，这些设施都普遍具备产业属性、公共属性和社会属性，同时由于大健康产业发展周期长、投资风险高，仅仅依靠政府补贴及企业自身提供的资金远远达不到需求。因此，政府必须加大资金投入，通过财政补贴、风险补偿、税收返还等方法，设立包括中医药产业基金、特色产业发展基金等在内的大健康产业发展专项基金，并开设风险资金池吸引资本加大对生物医药、健康服务相关产业的投资。另外，还可以通过改善资本投入方式、强化金融信贷支撑等方式，鼓励并刺激大健康产业吸收资金，从而做到在企业有需求时能够获得资本，规避风险。

3. 人才支撑

大健康产业是知识密集型产业，人才在产业发展中占据重要地位。因此，必须以大健康产业的各个环节为重点，制订一个高素质人才引进与培养计划。首先，应大力吸引高端人才，提高薪酬待遇并解决其到岗后的后顾之忧。其次，应加强专业人才培养质量和力度，通过定期举办职业培训，培养高素质复合型人才。再次，应拓宽人才引进渠道，特别是资源技术带动作用较强的高端人才，通过政策倾斜开展人才计划。最后，应积极建设中国特有的健康经济学科，鼓励高校开展大健康产业相关学科，并对校企合作加以鼓励，构建高端复合人才队伍。

当今时代是一个大数据的时代，数据要素已是五大生产要素之一，数据资源越来越成为一个国家软实力和竞争力的重要标志。大数据在给人们带来巨大便利的同时，也为政府进行经济决策提供了新的视角，通过对海量数据的分析处理，可以发现隐藏于其中的规律与趋势，从而帮助我们更好地了解经济活动中存在的问题，并据此做出正确的判断，进而为经济事实的决策提供科学支持。数据的有机融合可以实现跨产业、跨行业、跨区域、跨部门甚至跨层级的整合，从而提升企业整体的工作效率。因此，我们要建立科学的人才评价机制，在全行业范围内开展全面考核，确保优秀人才脱颖而出；要完善大健康产业链布局，构建完整的产业链体系；要加快大健康信息化建设步伐，通过对产业链各环节的深度挖掘，形成完整的数据价值系统，推动产业链上下游企业间的协同整合，促进产业链乃至整个产业的升级换代；同时要加强对新型职业农民的培育，特别要注重提升他们的信息素养、创新创业能力和创新能力。另外，要构建以"互联网＋"为核心的现代信息技术支撑体系。在后疫情时代背景下，大数据与大健康一体化发展，改变了大健康产业的形态及结构，因此需要加速增强数据融合与支撑，实现跨部门、跨机构、跨行业的紧密合作，加强医疗服务、医疗保障、药品供应、公共卫生、疾病防控、计划生育等信息系统数据交换，建立可实现集成共享、业务协同、综合管理、统一归口的大健康医疗数据共享机制。

五、大健康产业链视角下大健康产业体系的完善策略

（一）加强顶层设计与制度支撑

当前中国大健康产业亟须改变缺乏统筹、各自为政的发展局面。同时，成立全国性大健康产业协调推进领导小组作为牵头部门，明确相关工作责任。大健康产业涉及多个产业部门，需要加强组织领导，成立全国工作小组，完善工作机制，充分发挥各部门在产业发展中的作用，明确牵头部门，形成整

体协同推进效应；充分发挥市场配置资源的决定性作用，加快形成政府主导、社会参与的格局。为了促进大健康产业的良性快速发展，我们将通过政策扶持和引导来为其创造有利环境。此外，要发挥行业协会的组织优势和人才优势，提升产业整体竞争力。中国大健康产业是一个新兴的产业，在其发展过程中存在着诸多问题。例如，医疗医药行业缺乏统一的产品服务标准，导致大健康产业在健康保健、医疗美容、健康养生等方面不能得到很好的发展；此外，还需要制定大健康产业的规范化管理办法及相关监管制度，以促进其高质量发展。当前，中国大健康产业存在缺乏对产品全产业链的统一监管和产品质量认证的"真空地带"问题。这就要最终构建起一个大健康产业统计、核算体系，并不断地对统计调查、统计核算以及数据分析等方法进行创新和改进，强化数据统计与分析工作，促进大健康产业有序发展。

（二）优化区域规划，坚持差异发展

对区域发展和顶层设计之间的联系加以把握，才能够更好地协调国家整体规划和地方区域规划之间的问题，开展大健康产业。第一，坚持将国家规划作为指导，结合区域特色合理地进行大健康产业的协调与布局。各个省、市、县、区应以国家大健康产业总体规划为基准，积极利用地方优势资源与环境特色，形成连点成片的带动发展模式。第二，正确理解差异发展与共赢发展的关系，有效结合整体推进与差异化发展。对于各地区来说，应以错位竞争为战略，在全盘贯通发展格局中避免重复建设和重复投资，结合地区特色，摆脱同质化竞争发展的"群马模式"。第三，应突出本地区的优势，补足不足，充分展现大健康产业在本地发展的优势，打造大健康产业的"新雁阵模式"。同时，充分利用互联网技术，对大健康产品进行营销品牌的创新。第四，对于大城市来说，应将大健康产业作为核心产业来发展，而对于中小城市来说，应作为大健康产业链的衔接区来开展创新；乡村则是大健康产业的边缘区。由此可见，大健康产业的发展应结合城乡区位差异协调发展。其中，大城市应作为"领头雁"，在大健康产业中优化集聚大健康空间链；中小城市则应该各自找到自身定位，合理承接发达地区大城市的产业转移，强化大健康产业链条中端供给，发挥辐射带动和转移承接作用。乡村应以互联网等先进技术为依托，打造大健康产业协作平台，充分发挥大健康产业的基础保障作用。

(三)引进高端人才,强化人才支撑

在经济快速发展的当下,优秀人才的存在是发展一项产业最为重要的一环。因此,必须重视人才队伍的建设,不断引进高质量人才,并积极培育大健康产业与其他产业融合创新发展的复合型优秀人才。第一,中国健康经济学是一门重要的学科,需要加强对其研究,以构建完善的大健康理论体系和分析框架,支持高等院校和科研院所建设大健康产业特色学院和研究机构。第二,需要重视大健康科学研究基地的建设,并扶持相关学科的人才培养,打造一批包括大健康产业人才培育示范基地、大健康产品研发示范基地在内的产业示范基地,以给大健康产业提供学术支持,形成政、产、学、研、用的良性互动循环。第三,通过完善学历教育、继续教育、职业发展、技能培训等多层面的大健康产业人才培育体系,并针对领域不同的大健康产业,进行人才培养科学规划,培养适合各地方、各领域发展的健康经济学科带头人、专业骨干人才,为产业发展输出大批量的复合型人才。第四,对于大健康产业领域急需人才和高层次人才,应当拓宽引进渠道,加大引进力度,给予政策倾斜。

(四)配置数据要素,依靠数据支撑

"大数据+大健康"是产业发展的必要趋势,数据资源的合理配置至关重要。大数据分析在大健康产业中的应用,能够有效减少人力消耗,提升生产效率,并能够得到更加可靠的分析结果。在依托于"健康中国"战略的当下,必须统一大健康数据平台标准,在保护人民隐私的前提下,强化数据共享,从而更好地为人民的健康服务。第一,应大力收集、提取、整合初始基础数据,并将其与现有的包括人口资源数据、生态资源数据在内的系统数据加以整合,这一过程需要政府的介入,随后将其导入大健康数据系统并打通数据共享接口。第二,在初始数据整合的基础上,以及防止数据重复的前提下实现数据共享,通过大数据的分析和共享,制定科学的健康预案。

参考文献

[1] 王亚娜,金丽馥.农业产业链视角下农民专业合作社发展分析[C].北京:中国农业工程学会,2015.

[2] 白洁.健康服务业的现状与未来[J].福建质量管理,2016(3):89.

[3] 白璐.着力提升产业基础高级化产业链现代化水平[J].学习与研究,2021(4):53–56.

[4] 陈健,陈志.提升我国产业链现代化水平的方略:以钢铁产业为例[J].科技中国,2020(9):47–50.

[5] 程志民.智慧城市产业链分析及电信运营商定位策略探讨[J].江西通信科技,2016(3):39–41.

[6] 戴孝悌.产业链视域中的中国农业产业发展研究[M].北京:中国社会科学出版社,2015.

[7] 富丽明.产业链视角下双循环新发展格局的理论研究[J].现代商业,2021(17):3–5.

[8] 洪银兴,李文辉.基于新发展格局的产业链现代化[J].马克思主义与现实,2022(1):119–125.

[9] 胡天石,韩厚继."互联网+"背景下我国现代农业产业链及商业模式研究[J].中国商论,2015(28):160–161.

[10] 华小方,张延.产业链与技术链协同视角下大数据产业发展路径[J].电子产品可靠性与环境试验,2019(6):55–59.

[11] 黄群慧,倪红福.基于价值链理论的产业基础能力与产业链水平提升研究[J].经济体制改革,2020(5):11–21.

[12] 贾楚."互联网+"背景下我国现代农业产业链及商业模式探析[J].中国集体经济,2018(6):5–6.

[13] 寇光涛,卢凤君,彭涛.我国农业产业链生产、加工与销售环节的动态博弈优化研究[J].中国农业资源与区划,2016(12):179–185.

[14] 郎咸平.拯救中国制造业:产业链理论实践案例[M].北京:东方出

版社，2015.

[15] 李安娜.北京2022年冬奥会背景下我国冰雪产业链现代化：机遇，挑战与路径［J］.沈阳体育学院学报，2022（1）：25-32.

[16] 李政，王思霓.国有企业提升产业链现代化水平的理论逻辑与实现路径［J］.学习与探索，2021（8）：112-120.

[17] 刘国巍，邵云飞，刘博.模块化网络视角下我国大健康产业链协同创新能力评价研究［J］.科技进步与对策，2021（24）：85-95.

[18] 刘志彪.产业链现代化的产业经济学分析［J］.经济研究参考，2020（2）：97-105.

[19] 吕永刚，史立凡."四化"同步与产业链现代化路径创新［J］.现代经济探讨，2022（3）：95-102.

[20] 马朝良.产业链现代化下的企业协同创新研究［J］.技术经济，2019（12）：42-50.

[21] 潘为华，贺正楚，潘红玉.习近平关于产业链发展重要论述的理论内涵与实践价值［J］.湖南科技大学学报（社会科学版），2021（4）：67-75.

[22] 盛朝迅.推进我国产业链现代化的思路与方略［J］.改革，2019（10）：45-56.

[23] 石菲.提升基础能力和产业链水平，促进工业经济腾飞［J］.中国信息化，2020（2）：9-10.

[24] 王凯.中国农业产业链管理的理论与实践研究［M］.北京：中国农业出版社，2004.

[25] 温朋.以"互联网+"为核心思想建设智慧城市模式研究：以青岛为例［D］.天津：天津大学，2016.

[26] 吴进，程静思，谢棹骏，等.产业融合视角下：新型农业经营主体与农村沼气融合发展动力机制研究［J］.中国沼气，2016，34（5）：94-98.

[27] 夏杰长.健康服务业大发展：中国的机遇，也是世界的机遇［J］.中国外资，2019（3）：86-87.

[28] 邢光军，蔡美华.运营商在智慧城市信息化产业链中的发展策略

[J].通信企业管理，2015（2）：86–87.

［29］ 徐菲，郑刚强.工业设计产业链型企业发展现状与趋势［J］.设计，2018（17）：36–38.

［30］ 徐立，董薇，张立国，等.国家健康服务业发展的新特点与启示［J］.人民军医，2015，58（11）：1368–1369.

［31］ 袁继新，王小勇，林志坚，等.产业链、创新链、资金链"三链融合"的实证研究：以浙江智慧健康产业为例［J］.科技管理研究，2016，36（14）：31–36，44.

［32］ 詹子友.产业链金融理论探析［J］.西部金融，2017（4）：16–20.

［33］ 张福，邬丽萍."互联网+工业"融合发展下的路径选择：基于产业链升级的角度［J］.科技与经济，2016，29（5）：10–14，85.

［34］ 张静然，沈复民，贾可，等.AI城市大脑助推智慧城市建设［J］.人工智能，2021（5）：84–92.

［35］ 张玲.运营商在智慧城市信息化产业链中的发展策略分析［J］.科学与信息化，2019（36）：3，9.